Uni-Taschenbücher 1902



UTB
FÜR WISSEN
SCHAFT

Eine Arbeitsgemeinschaft der Verlage

Wilhelm Fink Verlag München
Gustav Fischer Verlag Jena und Stuttgart
Francke Verlag Tübingen und Basel
Paul Haupt Verlag Bern · Stuttgart · Wien
Hüthig Fachverlage Heidelberg
Leske Verlag + Budrich GmbH Opladen
J. C. B. Mohr (Paul Siebeck) Tübingen
Quelle & Meyer Heidelberg · Wiesbaden
Ernst Reinhardt Verlag München und Basel
Schäffer-Poeschel Verlag · Stuttgart
Ferdinand Schöningh Verlag Paderborn · München · Wien · Zürich
Eugen Ulmer Verlag Stuttgart
Vandenhoeck & Ruprecht in Göttingen und Zürich

Winfried Freund

# Deutsche Märchen

## Eine Einführung

Wilhelm Fink Verlag · München

*Meiner Löwenprinzessin*

Die Deutsche Bibliothek – CIP-Einheitsaufnahme

**Freund, Winfried:**
Deutsche Märchen: eine Einführung /
Winfried Freund. – München: Fink, 1996
(UTB für Wissenschaft: Uni-Taschenbücher; 1902)
ISBN 3-8252-1902-X (UTB)
ISBN 3-7705-3089-6 (Fink)
NE: UTB für Wissenschaft / Uni-Taschenbücher


Ohmstraße 5, 80802 München
ISBN 3-7705-3089-6



Printed in Germany
Einbandgestaltung: Alfred Krugmann, Freiberg am Neckar
Herstellung: Ferdinand Schöningh GmbH, Paderborn

**UTB-Bestellnummer: ISBN 3-8252-1902-X**

# Inhalt

# Vorwort

Die vorliegende Einführung in das Märchen anhand von Einzeldeutungen und eines kleinen Märchenlexikons beschränkt sich auf ausgewählte Stücke der Grimmschen Sammlung. Diese hat vor allem das Bild des Märchens in Deutschland geprägt. Die einzelnen Märchen, in aller Regel nach ihrem Bekanntheitsgrad ausgewählt, sind ausnahmslos dem ersten Band der Sammlung entnommen.

Mit Blick auf die charakteristischen Stilisierungen, die die Grimms vorgenommen haben, ist es gerechtfertigt, von deutschen Märchen zu sprechen, wenngleich das Märchen als Literaturgattung eine gesamteuropäische Erscheinung darstellt. Dies gilt sowohl für die Stoffe und typischen Motive als auch für gewisse immer wiederkehrende elementare Symbole. Die Grimms haben die überlieferten Bestände zu einer eigenständigen Kunstform gefügt, indem sie vor allem den poetischen und fiktiven Charakter des Erzählten hervorhoben und so nach romantischem Dichtungsverständnis das Mögliche als notwendiges Korrektiv des Wirklichen bewußtmachten.

In den Kinder- und Hausmärchen der Brüder Grimm hat die deutsche Adaption des europäischen Genres repräsentative und überdauernde Gestalt gewonnen und weit über die nationalen Grenzen hinaus auf die internationale Märchenrezeption gewirkt.

# Märchen: Geschichten von Gefährdung und Glück

> Solange den Hilflosen unbewußt war, sie selber könnten ihrer Unzufriedenheit mit den irdischen Verhältnissen abhelfen, war geheimnisvolle Abhilfe dringend erwünscht und wenigstens im Märchen willkommen in vielerlei Gestalt.
>
> Uwe Johnson

Das Märchen ist heute vornehmlich Gegenstand philologisch-volkskundlicher Forschung, Objekt psychoanalytischer Spekulation, vorzugsweise im Gefolge Freuds, parodistisches Vexierspiel oder Medium der Satire und unerschöpfliches Stoffrepertoire für Comics, Zeichentrick und Film. Gelesen wird es kaum, erzählt noch seltener. Wissenschaft, Psychoanalyse, gegenläufige Adaption und Unterhaltungsindustrie haben es weitgehend unlesbar gemacht.

Triviale Erfüllungsträume, irrigerweise mitunter mit dem Märchen gleichgesetzt, werden längst zeitgemäßer und raffinierter angeboten und befriedigt. Bestenfalls taugt das Märchen für Kinder, doch auch die haben sich im überreichen Medienangebot seit langem anders orientiert. Wo das Märchen insbesondere in den visuellen Medien begegnet, ist es zu abenteuerlichem und phantastischem Spektakel oder bloßem Klamauk verflacht. Das Märchen hat nur dann eine Chance, wirklich wieder gelesen zu werden, wenn es gelingt, es in Beziehung zur Lebenswirklichkeit des heutigen Lesers zu setzen, zu seinen Fragen und seinen Bedürfnissen nach Orientierung. Von der historisch philologischen Märchenforschung ist hier bei allem Respekt vor dem Forscherfleiß kaum etwas zu erwarten, da man über die Diskussion der Motivparallelen und der Stofftradition der Deutung in aller Regel ausweicht; noch weniger von einer Psychoanalyse, die unter dem Vorwand, Tiefenschichten zu enthüllen, den bürgerlichen Familienroman auf deutlich vorbürgerliche Verhältnisse projiziert.

Zu erschließen ist das Märchen nur interpretierend mit dem Instrumentarium literarischer Textdeutung. Dabei können Ergebnisse historischer Märchenforschung durchaus zur Sinnerhellung beitragen. Entscheidend ist, die Märchen auf dem Wege seriöser Textinterpretation für unsere Zeit neu lesbar zu machen. Für das Märchen gilt wie für alle poetische Literatur, daß es seinen Sinn nur freigibt im unverstellten Dialog mit dem Leser, im Prozeß eines Verstehens, das den Text weder auf positivistische Erkenntnis reduziert noch als Aufhänger für tiefenpsychologische Willkür mißbraucht oder zur Spielvorlage für phantastischen Klamauk verflacht.

Fragen nach der Überlieferung, nach Textvarianten, Motivadaptionen und Kontaminationen sollten stets abzielen auf das Sinnverständnis. Dort, wo das Märchen als seriöse Literatur begriffen wird, die die Wirklichkeit gelebten Lebens aus der Sicht elementarer Orientierung und möglicher Lebensentwürfe betrachtet, ereignen sich echte Begegnungen zwischen Leser und Text. Dem Märcheninterpreten fällt heute vor allem die Aufgabe des Mittlers zu, der im Bemühen um textlich abgesicherte Zugänge zu einem Genre, das zum Zankapfel zwischen Philologen und Psychologen geworden ist, dazu anregen möchte, sich mit dem Märchen als selbständiger Kunstform mit aktualisierbaren Aussagen wieder einzulassen.

Der Satz oder zutreffender Halbsatz, mit dem Wilhelm Grimm das Märchen vom *Froschkönig,* das erste Stück in der

Sammlung, einleitet, trifft den Kern der Gattung: „In alten Zeiten, wo das Wünschen noch geholfen hat ..." Das Märchen ist eine Glücksutopie, die Fiktion gewährter Wunscherfüllung jenseits geschichtlicher Räume und geschichtlicher Zeit. Im Nirgendwo und Nirgendwann wird das Mögliche wirklich, verwandelt sich die Welt zurück in das Paradies, in gelebte Harmonie von Mensch und Natur, in die Eintracht des Seienden mit dem Sein. Das große Thema des Märchens ist die Bewahrung des irdischen Lebens gegen alle Bedrohungen und Gefahren, gegen Ausplünderung und Egoismus. Hier liegt die Herausforderung für eine fortwährend respektlos Leben zerstörende Gegenwart. Die Grenze des Wünschens aber verläuft dort, wo sich das Geschöpf – wie die unersättliche Frau des Fischers – an die Stelle des Schöpfers setzen will, weil dadurch der immanente, menschliche Lebensraum notwendig überschritten würde. Räume jenseits des sinnlichen Lebens sind für das Märchen unvorstellbar und daher ohne Reiz.

Der Hunger nach Glück und das Übermaß des Wünschens entspringen dem Bewußtsein eines real glücklosen Lebens, das ins Positive zu wenden der Märchenerzähler allein dem Wunderbaren zutraut. Sozial ist das Märchen in den untersten Schichten des Volkes beheimatet, bei den ewig Zukurzgekommenen und Habenichtsen. Sein Ziel ist der fiktive Ausgleich für reales Elend, zugleich aber auch der soziale Protest gegen eine Welt, die den wenigen fast alles, den meisten jedoch fast nichts gewährt. Gerade im Verzicht auf die räumlich-zeitliche Fixierung des Erzählens spiegelt sich die Gewißheit der weiterhin bestehenden Kluft zwischen Wirklichkeit und Poesie, zwischen Wunsch und Erfüllung, eine Gewißheit, die nicht nur auf privaten, sondern darüber hinaus auch auf öffentlichen Ausgleich drängt, die Notwendigkeit des Ausgleichs zumindest niemals aus den Augen verliert.

Das Wunderbare drückt aus, was der Fall sein sollte, daß der Hungrige gesättigt, der Arme reich, der Schwache stark, der Kleine groß und der Pechvogel zum Glückspilz wird, daß

Egoismus und Haß bestraft, Solidarität und Liebe aber belohnt werden sollen. Das Märchen träumt den Traum von der poetischen Gerechtigkeit im gläubigen Vertrauen auf ein Glück für alle und in der Zuversicht, daß jeder eine Chance hat, wenn er sein Glück nur unbeirrbar verfolgt.

Bei aller Gottesfurcht wurzelt das Märchen im Diesseits. Vertröstungen und jenseitige Verheißungen sind ihm fremd. Die märchenhafte Utopie ist ein durchaus realisierbarer Glücksentwurf. Noch hier und jetzt wird das Mädchen im „Sterntaler"-Märchen für seine Mildtätigkeit belohnt. Märchen ereignen sich jenseits des Sündenfalls im zeitlosen Raum des Paradieses, das im Grunde niemals verlorengegangen ist, zumindest aber jederzeit wiedergewonnen werden kann. Die Einleitungsformel „Es war einmal" hat weniger einen temporalen als einen modalen Aspekt, sie verweist auf die Fiktion an der Grenze zur Wirklichkeit. Modal ist auch die Schlußformel „Wenn sie nicht gestorben sind" zu verstehen. Sie artikuliert den Wunsch nach Dauer des Glücks. Der Stil des Märchens ist durchaus realistisch, da er niemals die konkreten Verhältnisse ignoriert, realistisch nicht im Sinne des vordergründig Wahrscheinlichen, sondern des hintergründig Symbolischen. das hinter der Erscheinung das Dauerhafte und Bedeutungsvolle aufdeckt.

Echte Märchen zeichnen sich durch ihren unverwechselbar heidnischen Charme aus, durch ein Urvertrauen auf die Kräfte des Diesseits. Wer sein Glück selbst in die Hand nimmt, mit dem sind die Mächte des Wunderbaren im Bunde, aber selbstverständlich auch mit dem, der von allem Glück verlassen scheint. Mit seinem unverwüstlichen Lebensoptimismus wendet sich das Märchen an Heranwachsende wie an Erwachsene, indem es jedem den notwendigen Lebensmut gibt und konstruktive Perspektiven eröffnet, weil Leben ohne eine konkret gestaltete Hoffnung verkümmern muß. Märchenhafter Stil ist geprägt von der Potentialität, von der Möglichkeit, die poetisch zur Verwirklichung drängt.

Der poetische Charakter des Märchens, seine Weigerung, verwirklichte Wirklichkeit einfach hinzunehmen, mußte vor allem die Romantiker faszinieren. Genau besehen aber sind das romantische Streben nach dem Unendlichen und die im Endlichen unerfüllbaren romantischen Sehnsüchte unmärchenhaft. Das Transzendieren der Erfüllung ins Unendliche und der immanent orientierte Märchenglaube an die realisierbare Utopie widersprechen einander. Während im romantischen Kunstmärchen die Verwirklichung des Glücksstrebens in aller Regel scheitert, erzählen die Kinder- und Hausmärchen der Brüder Grimm unermüdlich von erfülltem Glück.

Bei allen von den Grimms vorgenommenen Stilisierungen sind Inhalt und Sinn des Überlieferten niemals angetastet worden und ursprüngliche Motivbestände erhalten geblieben, die auf ältere Vorstellungen und Haltungen zurückweisen. Der Märcheninterpret und mit ihm die Märchenleser, die er gewinnen möchte, sehen sich verwiesen auf die Grimmschen Bearbeitungen, hier in den Fassungen der Ausgabe letzter Hand (1857), die als selbständige literarische Werke gemeint sind und als solche auch verstanden werden wollen. Nur so können sie teilhaben am literarischen Leben. Der Interpretation fällt vor allem die Aufgabe zu, den verschütteten Sinn der unverständlich gewordenen Bilder und Symbole wieder aufzudecken, die symbolische Bilderschrift des Märchens zu entziffern, sofern es die vorliegenden Versionen zulassen und die sinnbildlichen Aussagen sich im Kontext zur künstlerischen Einheit fügen. Grundlegend ist die Überzeugung, daß es sich bei den Kinder- und Hausmärchen um souveräne, um Volkstümlichkeit bemühte Kunstwerke mit elementaren Aussageintentionen handelt.

Jacob und Wilhelm Grimm sind nicht nur Organisatoren und Arrangeure, sondern auch Autoren und Gestalter des Märchens, vor allem was die literarischen Formungen des Strukturierens und Stilisierens angeht. Dies gilt es ernst zu nehmen, indem man ihre Texte als künstlerisch gestaltete und daher aus sich interpretierbare Realisierungen des Genres begreift. Es geht hier nicht darum, die Verdienste der Märchenphilologen zu schmälern, dort aber, wo sie die literarische Interpretation unter Hinweis auf angeblich fehlende quellenkritische und volkskundliche Erkenntnisse diffamieren und zu verhindern suchen, setzen sie sich dem Verdacht rechthaberischer Pfründensicherung aus. Der Interpret mit einer klaren methodischen Konzeption, die neben ästhetisch-strukturellen und motivgeschichtlichen verstärkt auch symbolorientierte und volkskundliche Fragestellungen miteinbezieht, sollte sich vor dem Anspruch der Märchenphilologen auf Alleinvertretung nicht schrecken lassen.

Im Grunde gehört das Märchen zu den zeitlosen literarischen Aussageweisen, zu denen sich jeder äußern kann, der eine textlich vertretbare und aktuell bedeutsame Lesart anzubieten hat. Das Märchen lebt von der unaufhebbaren, nichtsdestoweniger fruchtbaren Spannung zwischen dem Wirklichen und dem Möglichen und erhält diese zugleich am Leben, indem es der schöpferischen Phantasie letztendlich den Sieg zutraut über alle Verhärtungen und Versteinerungen. Erst wenn es gelingt, das Märchen aus den wissenschaftlichen Archiven und den Pseudomorphosen der Psychoanalyse wieder hervortreten zu lassen und auf dem Wege sinnverstehender Literaturinterpretation seinen unverwüstlichen Lebensoptimismus und sein Vertrauen in die im Hier und Jetzt realisierbare Utopie menschlichen Glücks in wohlwollender Solidarität mit den Mitmenschen und in friedlicher Koexistenz mit der Natur sichtbar zu machen, werden die Märchen wieder lesbar als poetische Botschaften der Hoffnung in dürftiger Zeit.

Märchen sind nicht für Philologen geschrieben, nicht zur Analyse, zur Systematisierung und zur Archivierung. Das Märchen, wie alle poetische Literatur, will vor allem gelesen, vielleicht auch erzählt, und verstanden werden. Dazu möchte der Interpret anregen, indem er Lesarten und Leseerfahrungen eines Zeitgenossen anbietet und dabei verschüttete

Bildschichten wieder aufzudecken versucht. Er möchte nicht bevormunden, sondern den Leser dazu anstoßen, das Märchen als Chance, Sinn zu gewinnen, wieder ernst zu nehmen und selbst Leseerfahrungen zu machen mit einer Aussageform, die sich in besonderem Maße der zeitlos elementaren Wahrheiten des Daseins annimmt und zeigt, was nicht verlorengehen darf, wenn Mensch und Natur miteinander überleben sollen.

# Der Froschkönig oder der eiserne Heinrich

**Quelle:** mündliche Version, vermittelt durch die Familie Wild aus Kassel

**Erstdruck:** KHM I, 1812

Das Märchen, das zu den ältesten in Deutschland gezählt wird und seit dem Erstdruck die Grimmsche Sammlung einleitet, verknüpft die Geschichte des treuen Dieners Heinrich mit der Erlösungsgeschichte des Prinzen. Der Diener, der sich aus Kummer über das Schicksal seines Herrn drei eiserne Bande um das Herz hatte legen lassen, die beim glücklichen Ausgang zerspringen, scheint bereits im ersten Teil des Einleitungssatzes gegenwärtig: „In alten Zeiten, wo das Wünschen noch geholfen hat". Kein anderer als er, wie es zum Schluß deutlich wird, zeigte so viel Mitgefühl am Schicksal seines Herrn, aus dem der Wunsch erwachsen mußte, daß der böse Verwandlungszauber gelöst werden möge.

Insofern bildet die Dienergeschichte eine Art Rahmen, gespannt zwischen Trauer und Freude, Wunsch und Erfüllung. Wunsch und Wünschen angesichts einer Krise und eines mit den zur Verfügung stehenden Mitteln schwerlich lösbaren Konflikts setzen den Erzählprozeß des Märchens erst in Gang. Wie kaum eine andere Gattung ist das Märchen von dem Wunsch geprägt, daß es anders sein soll, daß sich entgegen aller Widrigkeiten das Leben entfalten und erfüllen und das Glück sich einstellen möge. Gegen eine Wirklichkeit mannigfacher Gefährdungen setzt das Märchen das Vertrauen auf die Möglichkeit des Gelingens. Heinrich als Mitleidender und Wünschender ist die Identifikationsfigur für den Leser bzw. Zuhörer und dessen Glücksverlangen.

Im Märchen können die bösen Kräfte nur vorübergehend Unheil stiften. Grundsätzlich ist die Welt in Ordnung, gespiegelt vor allem in den Dingen, in denen sich die Lebensgesetze abbilden. Bevorzugter Darstellungsstil ist ein sinnbildender Realismus, der Erscheinung und Wesen, Äußeres und Inneres als Einheit begreift.

Gleich im Märcheneingang tritt eine Fülle bedeutungsvoller Requisiten entgegen. Die Königstochter mit der goldenen Kugel am Brunnen bei der Linde ist Sinnbild des Lebens. Typisch für die Gestaltungsweise des Märchens ist die Konzentration bedeutsamer Zeichen. Mit der goldenen Kugel in Korrespondenz mit der Sonne, die dem Mädchen ins Gesicht scheint, hält die junge Frau auf der Schwelle zur Reife die Macht in Händen, am Lebensprozeß mitzuwirken, wobei die Kugelgestalt das Vollkommene und zugleich das Wunderbare offenbart, das hervorzubringen sie imstande ist, bekräftigt durch die bewundernd ihr zugeneigte Sonne, die die junge Frau im Kreis der lebenschaffenden Kräfte begrüßt.

Der Weg zum Brunnen, zur Quelle des Lebens, weist der Königstochter die eigene Bestimmung, unterstrichen durch die Linde, den Baum, der von alters her als weiblich empfunden wurde und der Göttin Freya, der mütterlichen Lebensbeschützerin, geweiht war. Aber noch ist die Königstochter auf der Schwelle zum Zenit ihrer Entwicklung sich ihrer königlichen Stellung in der Schöpfung nicht bewußt. Weiterhin befangen im Schonraum der Kindheit, ist ihr noch alles Spiel und Zeitvertreib. Aber wie so oft im Märchen, zeichnet sich symbolisch ab, was notwendig geschehen muß. Stets ist dabei der einzelne eingebunden in kollektive Aufgaben und Ziele. Nur indem er sie erfüllt, wächst ihm Glück zu.

Wie von unsichtbaren Kräften angezogen, unter dem übermächtigen Gesetz der Schwerkraft, fällt die Kugel in den Brunnen. Im Sinnbild sind weibliche Fruchtbarkeit und der Lebensgrund selbst vereint. Die Frucht, symbolisch präsent in der goldenen Kugel wie in der Sonne, ruht im Mutterschoß. Damit ist der natürliche Reifeprozeß des Mädchens im Spiegel des symbolischen Vorgangs abgeschlossen.

Mit dem aus dem Brunnen auftauchenden Frosch, ähnlich wie der Fisch auf Phallisches verweisend, tritt das Männliche ins Bild, mit dem Weiblichen an dem Ort verbunden, aus dem das Leben kommt. Im Auf- und Absteigen des Frosches spiegeln sich die ewigen zyklischen Lebensrhythmen allgemein, während sich im Heraufholen der Kugel die Vereinigung von weiblicher Fruchtbarkeit und männlicher Zeugungskraft im besonderen abbildet, die fähig ist, den Schatz des Lebens zu heben.

Die einleitende Szene inmitten eines großen dunklen Waldes, eingebettet in den Reichtum und die Vielfalt der Natur mit ihrem unaufhörlichen Wachstum, gestaltet einen Fruchtbarkeitszauber, dessen magischem Einfluß sich weder die Königstochter noch der verwunschene Prinz in Froschgestalt entziehen können. Im rituellen Bild ist vorweggenommen, was sich in Wirklichkeit naturgesetzlich vollziehen muß. Die ungewöhnliche räumliche Verlegung des Brunnens in den Wald macht dabei die Darstellungsweise des Märchens besonders anschaulich, in dem es stets weniger um das Wahrscheinliche als um das Bedeutsame geht. Der Brunnenort steht für den neuen Entwicklungsstand des Mädchens jenseits des angrenzenden väterlichen Schlosses.

Deutlich zeichnet sich in den Bedingungen des Frosches, mit der Königstochter an einem Tisch sitzen, von ihrem Teller essen und in ihrem Bett schlafen zu wollen, die künftige eheliche Gemeinschaft ab. Seine Wünsche artikulieren im Grunde einen förmlichen Heiratsantrag, während das Eingehen der Königstochter auf alle Bedingungen einem uneingeschränkten Eheversprechen gleichkommt. Was sie noch als bloßes Lippenbekenntnis einschätzt, bindet sie im Kern für ein ganzes Leben.

Noch aber versucht sie, ihrer weiblichen Bestimmung zu entkommen, indem sie zurückflüchtet in die Selbstgenügsamkeit der Kindheit im Schloß ihres Vaters. Auch wenn sie zu diesem Zeitpunkt noch nichts weiß von dem verwunschenen Prinzen in Froschgestalt, setzt sie sich mit ihrer Leichtfertigkeit im Umgang mit dem abgegebenen Versprechen ins Unrecht. Gerade weil das Märchen in einer bedeutungsvoll verbundenen Wirklichkeit spielt, gilt für den Märchenhelden, alles was ihm begegnet, wörtlich ernst zu nehmen. Vor allem das Tier verdient wegen seiner für das Märchen selbstverständlichen Nähe zum Menschen Anerkennung und Achtung. Der Reifeprozeß des Mädchens ist erst dann wirklich abgeschlossen, wenn zur unbewußten natürlichen Reifung das Bewußtsein moralischer Verantwortung tritt.

Schließlich holen die magische Kraft der Brunnenszene und das dort abgegebene Versprechen die Königstochter ein. Auf beides spielt die rhythmisch gebundene Rede des Tierbräutigams an, unbeirrbar pochend auf seinen natürlichen wie auf seinen moralischen Anspruch. Es ist bezeichnenderweise der Vater, moralische Autorität und zugleich Vertreter der Lebensweisheit, der dem Geschlechtsgenossen zur Hilfe kommt, indem er die Tochter an das Einhalten ihres Versprechens mahnt und ihr damit die Reife für die Begegnung mit dem anderen Geschlecht zuspricht. Wie die meisten Initiationsriten für Mädchen, so begnügt sich auch das Märchen mit der Anmahnung und Aufklärung, die dem bloß spielerischen Umgang mit der Welt und dem anderen Menschen ein Ende setzen.

Auf der Seite des jungen Mannes aber muß sich ein völliger Wandel vollziehen, bei dem die bisherige Gestalt abgestreift wird, damit der erwachsene Mann hervorzutreten vermag. Was sich bei den meisten Naturvölkern im Rahmen von Initiationsfeiern mit symbolischen Übergängen vom Sterben zum Wiederauferstehen vollzieht, ist im Märchen ins Intime, in die unmittelbare Begegnung der Geschlechter verlegt. Im Nachkriechen und Betteln um Einlaß, verbunden mit dem Insistieren auf dem vom Vater ausdrücklich gestützten Naturrecht, erniedrigt sich der Tierbräutigam, um den Widerstand des Mädchens zu brechen, das sich weiterhin mit seiner Kindheit wie mit einer Schutzmauer zu umgeben versucht.

Erst mit ihrer betont affektiven Reaktion, bei der sie den Frosch mit allen Kräften an die Wand wirft, tritt die Königstochteraus ihrer Verschlossenheit und Abkapselung heraus und leitet parallel zu den traditionellen Initiationsriten über Tod und Wiedergeburt die Verwandlung des abstoßenden Tierbräutigams in den geliebten Prinzen ein. Doch die Erlöserin tritt keineswegs als Heldin entgegen, sondern als ein zum letztenmal trotzig sich aufbäumendes Kind, das selbst den Tod des anderen in Kauf genommen hätte, um weiterhin im Schonraum der Kindheit verbleiben zu können. Siegreich ist am Ende die List der Natur, indem sie sich noch der in der Tötungsabsicht entladenden Wut bedient, um den Initiationsprozeß zu vollenden.

Wahr ist jedoch, daß nur die Frau den Mann zum liebenswerten Menschen zu läutern vermag, während der Mann durch seine unbeirrbare Zuwendung das Mädchen erst zur verantwortungsbewußten Frau heranreifen läßt, die sich ihrer natürlichen Rolle bewußt wird und danach handelt. Daher ist die letzte und entscheidende Initiationsphase ganz in die Auseinandersetzung der Geschlechter selbst verlegt. Ihnen allein ist es aufgegeben, den Weg zum anderen zu suchen und trotz aller Widerstände weiter zu verfolgen.

Niemand anders als die Königstochter, so der Prinz, „hätte ihn aus dem Brunnen erlösen können". Damit spricht er die schicksalhafte Verbundenheit der Geschlechter an und verweist im Bilde des Brunnens zugleich auf die Wiedergeburt des Mannes durch die Frau, die sich seiner annimmt. Was der Prinz als Verwünschung durch eine „böse Hexe" erlebt, mag auf die im Rahmen der Initiation verbreitete Absonderung und soziale Isolation hindeuten, verbunden mit der Erfahrung von Vernichtungsängsten angesichts des Verlusts des alten Ichs. In der Tat trifft die Königstochter den Frosch ja allein an, fern von aller Gemeinschaft. Die Hexe betont sowohl den Aspekt des Verschlingenden als auch den des Abseitigen.

Nun, nach seiner endgültigen Verwandlung und Läuterung, kann er „ihr lieber Geselle und Gemahl" sein. Die magische Szene am Waldbrunnen und das gleichnishafte Handeln im Sinne einer zukunftsgewissen Vorausdeutung dort haben sich in der Wirklichkeit der Liebe zwischen der Königstochter und dem Prinzen erfüllt. Beide erscheinen königlich, auf der Höhe ihrer Möglichkeiten in der gegenseitigen Wahrnehmung des Lebensvollzugs. Erlöst werden kann der Mensch nur durch die Zuneigung und die Liebe des anderen Geschlechts. Im Bund der Geschlechter liegt für das Märchen das tiefste Glück, weil Mann und Frau in ihrer Vereinigung sich erst ihrer natürlichen Rolle als Lebensträger und Lebensstifter bewußt werden können.

Das Märchen schließt mit einem Aufbruch, Sinnbild für den Beginn eines neuen Lebensabschnitts. Am „andern Morgen, als die Sonne sie aufweckte, kam ein Wagen herangefahren, mit acht weißen Pferden bespannt ..." Wie der Morgen den Anbruch des Tages und einer neuen Zeit markiert, so steht die Kutsche für den Aufbruch in die Weite des Raumes. Die weißen Pferde, innerhalb des Satzes in unmittelbarer Nachbarschaft zur Sonne, stehen in uralter symbolischer Bedeutung für Bewegung und Licht. So soll der Sonnengott mit einem Gespann von vier weißen Pferden über den Himmel fahren, und nach einer anderen mythologischen Vorstellung wird das weiße Sonnenpferd durch die Morgenröte geführt. Königstochter und Prinz in der Kutsche werden gleichsam eins mit den belebenden und befruchtenden Kräften des Lichts und der Sonne. Unaufhaltsam streben sie dem Zenit ihrer Entwicklung zu, vergleichbar mit der Sonne kraft ihrer Jugend Leben zeugend und gebärend.

Die Zahl Acht wie auch die Zahl Vier verweisen auf das Sonnenrad mit seiner vier- bzw. achtfachen Ringteilung als Sinnbild für den Weg der Sonne um die Welt. Insofern knüpft die Achtzahl an die goldene Kugel des Anfangs an und unterstreicht die Vollkommenheit und die zyklische Unsterblichkeit des Lebenswunders. Wagenfahrt, Kugel und Rad sind verbunden in der mythisch-symbolischen Verweisung auf den Sonnenlauf, auf die niemals zur Ruhe kommende Dynamik schöpferischer Urkräfte. In diesem Sinne steht die Acht auch für den glücklichen Neubeginn. Jeweils der achte Tag leitet die neue Woche ein.

Nicht das Ziel, sondern der Weg dorthin steht am Ende des Märchens. Erlösung heißt Befreiung von allem bloß Zuständlichen und Erstarrten und Öffnung für Bewegung und Entwicklung. Das Gesetz des Brunnens hat nur dann einen Sinn, wenn es sich im Leben ständig neu erfüllt. Zurück bleibt der alte König, vor den Reisenden aber liegt das Reich des Prinzen. Im weitesten Sinn erzählt das Märchen die Geschichte von Alter und Jugend, von Tod und Wiedergeburt, die uralte Geschichte vom Untergang und der ewigen Wiederkehr des Lebens.

Der Wunsch des Märchens, daß das Leben niemals versiegen möge, daß immer neues Leben nachwachse, um das alte und absterbende zu ersetzen, hat sich erfüllt. Drei Ringe hatte sich Heinrich um die Brust legen lassen. Erst die Vereinigung des jungen Paares zur neuen vitalen Keimzelle läßt sie zerspringen. Mit der neugewonnenen Freiheit kehren Freude und Glück zurück. Die Dreizahl am Ende steht für die Überwindung der Entzweiung am Anfang des Märchens, wo Königstochter und Prinz noch getrennt waren. Das dreifache Zerbrechen unterstreicht die Vollkommenheit des erreichten Glücks. Hinter sich gelassen haben beide den Brunnen, den Ort ihres Initiationserlebnisses, da sie nun, gereift und verbunden, getreue Abbilder des Brunnenurbildes sind, selbst die Lebensquelle in sich tragend.

# Der Wolf und die sieben jungen Geißlein

**Quelle:** mündliche Version, vermittelt durch die Familie Hassenpflug aus Hanau

**Erstdruck:** KHM I, 1812

Vordergründig betrachtet, gehört die kleine Geschichte um Gefährdung und Rettung zu den Warnmärchen, die durch Abschreckung und die Darstellung möglicher Folgen auf Gefahren aufmerksam machen wollen, um diese besser erkennen und vermeiden zu können. Die Darstellungsweise mit den Tieren als vornehmlich handelnde Figuren in menschlichen Verhältnissen erinnert an die Fabel. Wie diese will auch das Warnmärchen durch Verfremdung eine Lehre aussprechen und einsichtig machen.

Der versöhnliche Schluß in Anlehnung an das Märchen vom Rotkäppchen ist eine Zutat der Grimms und begründet das eigentlich märchenhafte Vertrauen auf eine prinzipiell heile Welt, in der das tragisch Verschlingende stets als revidierbare Wirklichkeit erscheint.

Das Märchen nimmt seinen Ausgang von der Ursituation kindlicher Geborgenheit im fürsorgenden Schutz der Mutter. Der Vater spielt weder hier noch später bei der akuten Gefahr eine Rolle. Wie denn überhaupt das Märchen in der häufigen Überordnung der Frau über den Mann, dessen Aufgabe mit der Zeugung erfüllt erscheint, urtümlich mutterrechtliche Züge zeigt.

Die Geiß oder die Ziege steht für das Weiblich-Ernährende. Ziegen äsen im Volksglauben am Lebensbaum, und aus den Hörnern der Ziege Amaltheia, die den jungen Zeus nährte, flossen Ambrosia und Nektar, so daß ihr Horn zum Sinnbild des Überflusses überhaupt wurde. Eine geschlechtliche Zuweisung der Geißlein fehlt. Ihre Existenz erschöpft sich in ihrem Kindsein. Nicht die bürgerliche Familiensituation von Vater, Mutter und Kind steht im Vordergrund, sondern die ältere Mutter-Kind-Beziehung. Die Zahl Sieben, die symbolisch gesetzt wird zur Bezeichnung der Ganzheit, versinnbildlicht hier die Fülle des Lebens.

In gedrängter Sinnbildhaftigkeit entwirft der Märcheneingang eine mütterliche Welt der Fruchtbarkeit und der Fürsorge, ein ganz reales Paradies, in dem der Mann keinen Platz hat. Elementares Handlungsziel der alten Geiß ist die Versorgung ihrer Kinder. Aber gerade aus diesem unumgänglichen Versorgungshandeln erwächst der Konflikt. Lebenserhaltung bedeutet stets auch Lebensgefährdung, da alles Handeln das Risiko des Scheiterns in sich trägt. Insofern gestaltet das Märchen gefährdete Paradiese, hier vor allem den gefährdeten inneren Schutzraum der Kindheit, der sich mit der Öffnung nach draußen notwendig unwägbaren Gefahren aussetzen muß. Im Draußen lauern die Vernichtungsdrohungen.

Aus der Fremdheit einer ebenso unüberschaubaren wie unkontrollierbaren Welt dringt das Heillose ein, das Vertraute zu verschlingen und die mütterlich garantierte Ganzheit und Wahrheit mit List und Lüge zu zerstören. Dämonischer Schadenstifter und Zerstörer ist der alles verschlingende Wolf, eine Vorstellung, die wohl vor allem aus der germanischen Mythologie herrühren dürfte, wo der Wolf beim Weltuntergang Sonne und Mond verschlingt und damit den Weltlauf zumindest vorübergehend zum Erliegen bringt.

Im Wolf verkörpert sich die zwischen Zeugen und Zerstören gespannte männliche Potenz, die Ambivalenz von konstruktiven und destruktiven Kräften, der das mit dem Seinsgrund identische mütterliche Handeln unverrückbar und unumstößlich gegenübersteht. Hier liegt wohl auch der tiefste Grund für die Aussperrung des Mannes aus den Bereichen der Aufzucht und der bewahrenden Pflege des Lebens. Der mütterliche Schutz aber muß letztlich ohne Selbstschutz der Kinder unwirksam bleiben. Niemals bewegen sich die Märchenfiguren in einem sorgenfreien Schlaraffenland. Stets sind sie aufgerufen, handelnd sich selbst zu behaupten und ihr eigenes Glück zu befördern. Die Tragik liegt aber darin, daß die Kinder zwar den offenbaren Widerspruch von Aussage und Erscheinung erkennen können, der perfekten Verstellung und Tarnung indes schutzlos ausgeliefert sind, da der Welt mütterlicher Wahrhaftigkeit jegliche Maskierung fremd ist und daher keine einschlägigen Erfahrungen gemacht werden konnten, was um so folgenreicher ist, als das Märchen den verläßlichen Lerngewinn stets nur aus der Praxis erwachsen läßt.

Mehr beiläufig ist von den Menschen die Rede. Von dem Bäcker, der dem Wolf die Pfote mit Teig bestreicht, und dem Müller, der Mehl darüber streut, um sie möglichst weiß wie die Pfote der Mutter erscheinen zu lassen. Schon vorher hatte der Wolf sich bei einem Krämer ein Stück Kreide für eine besonders weiche, einschmeichelnde Stimme gekauft. Alle helfen mit bei dem geplanten Täuschungsmanöver, auch dann, wenn sie wie der Müller die Betrugsabsicht ahnen. „Ja, das sind die Menschen", kommentiert der Märchenerzähler resignierend. Vor der Androhung von Gewalt, aus Angst um Leib und Leben, lassen sie sogar das offenbare Unrecht geschehen und Unschuldige in Gefahr kommen. Insbesondere der Müller ist wider besseren Wissens ein Helfershelfer des zerstörerisch Bösen. Erst Menschen wie er ermöglichen das verbrecherische Handeln. Ein satirischer Seitenhieb des Märchens, gerichtet gegen alle, die Gewalt in Gesellschaft und Geschichte zulassen und mittragen, um ihre eigene Haut zu retten.

Beim entscheidenden dritten Versuch, die Drei steht einmal mehr für den erfolgreichen Abschluß des Handelns, parallel zu vertrauten Handlungsabfolgen wie bei den drei Wünschen, den drei Aufgaben, den drei Prüfungen u. a. m., gelingt es dem Wolf, sich Einlaß zu verschaffen. Wie alle Symbole im Märchen ist auch das Zahlensymbol ambivalent. Am Ende des Dreischritts kann die gute Lösung wie die schlimme Wendung stehen.

Der eindringende Wolf richtet ein Chaos ohnegleichen an. Das umgestürzte Mobiliar, die zerbrochene Waschschüssel und das zerwühlte Bett spiegeln die heillose Zerstörung der Ordnung und eines ordentlich gefügten Lebens, das nur so lange gesichert war, wie Ordnung herrschte. Die weit offen stehende Haustür wird zum Einfallstor chaotischer Destruktion, vor der nur das abgeschlossene Geborgensein in den eigenen vier Wänden zu schützen vermochte.

Der Wolf, bewußt als männliches Tier vorgestellt, gehört den finsteren Mächten des Draußen an, den Verwüstung und Vernichtung stiftenden Kräften in Gesellschaft und Geschichte. Er ist stets, wo er im Märchen begegnet, der Umherstreunende und Unbehauste, von daher von vornherein suspekt, dem die konstruktiven Kräfte des Drinnen und des Häuslichen gegenüberstehen, Quintessenz der Erfahrung der untersten Schichten, aus denen das Märchen stammt, die schutz- und rechtlos der Ausplünderung und der Gewalt von außen ausgesetzt waren.

Furchtbar wütet der Wolf unter den wehrlosen, unschuldigen Kreaturen, die er mit maßloser Gier verschlingt, weniger, seinen Hunger zu stillen, als aus reiner Mordlust. In einer wahren Orgie des Verschlingens wird er zum dämonischen Widersacher des Lebens, gemäß der dualistischen Orientierung des Märchens zum negierenden, teuflischen Prinzip. Aber letztlich scheitert er doch, die Fülle des Lebens, sinnbildlich dargestellt in der Siebenzahl, gänzlich auszulöschen.

Das jüngste, in den Uhrenkasten geflüchtete Geißlein, vom Wolf unentdeckt, überlebt. In der Sprache der Zahlensymbolik bleibt der Zerstörer um den einen entscheidenden Schritt hinter der in der Sieben repräsentierten Lebenstotalität zurück. Im Grunde ist er nur imstande, Stückwerk zu verrichten. Die konstruktiven sind den destruktiven Kräften stets voraus und behalten die Oberhand. Deutlich verweist die sinnbildliche Zahlensprache auf den dem Chaos des Tötens überlegenen Lebenskosmos.

Gerade das Jüngste als letztes Glied in der unendlichen Kette des Seins überlebt. Ewig in die Zukunft gerichtet, über alle Vernichtungen hinwegschreitend, erfüllt sich die Zeit, stets trotz aller Gewalt neues Leben hervorbringend. Daher ist das jüngste Geißlein im Uhrenkasten völlig sicher, weil der Wolf keine Macht hat über das, was in der Zeit seinen Lauf nimmt, über das unaufhörliche Werden. Sein Zerstörungswerk, so furchtbar und chaotisch es auch sein mag, bleibt stets nur Episode.

Das Finale des Märchens steht ganz im Zeichen des unverwüstlichen Lebensoptimismus, nachdem die vorhergegangenen dramatischen Vorgänge die Katastrophe bereits besiegelt zu haben schienen. Niemals bedeutet für den Märchenerzähler das Lebensdrama drohender und vollzogener Vernichtung, die Tragödie des Verschlingens und Verschlungenwerdens, das Ende, sondern bildet vielmehr den Anfang eines neuen Aufbruchs. Dort, wo die Mächte des Chaos und der Destruktion am Ziel zu sein scheinen, findet der Start zur Wiederherstellung der Ordnung und zum Wiederaufbau statt, wo die Tragödie schon beschlossen scheint, eröffnet das Märchen neue Perspektiven.

In diesem versöhnlich utopischen Ansatz liegt wohl die Faszination der Romantiker von allem Märchenhaften begründet. Aber auch das Märchen vom Wolf und den sieben jungen Geißlein sucht die Lösung nicht im Himmel, sondern auf der Erde, nicht im Traum, sondern in der Wirklichkeit, die so gewendet wird, daß sich die Erfüllung des Lebenswunsches notwendig einstellen muß.

Mit der heimkehrenden alten Geiß kehrt auch die Lebenskraft selbst zurück. Sie, die aufgebrochen war, Futter zu holen, sich also in den Dienst der Erhaltung der Jungen stellte, erweist sich dem Lebensvernichter von vornherein überlegen. Ihre Trauer, darin eine echte aktive Märchenheldin, hält sie nicht davon ab, den Spuren des Unheils nachzugehen und den dämonischen Übeltäter selbst aufzuspüren. Die Szene, in der sie dem Wolf den Bauch aufschneidet, die noch lebenden Jungen herausholt und den Bauch, bevor sie ihn wieder zunäht, mit Steinen füllt, stellt ein ebenso unwahrscheinliches wie im Sinne des Märchens wünschenswertes Ereignis dar. Alles andere als fatalistisch ruft das Märchen seine Helden auf, selbst Hand anzulegen, die schlimme Wendung rückgängig zu machen. Dabei ist das Glück stets auf der Seite derer, die sich nicht einfach mit dem Unheilvollen abfinden, sondern alles daran setzen, die Welt wieder heilzumachen.

Das Herausschneiden der Jungen aus dem Bauch des Ungeheuers ist die Wiedergeburt des Lebens aus den Abgründen des Verschlingenden. Willenlos muß der Dämon das Leben wiedergebären, das er vernichten wollte. Mit ihrer Operation knüpft die Geiß dort wieder an, wo die Kette des Lebens abgerissen war. Parallel zu den germanischen Vorstellungen vom Weltuntergang, aus dem letztlich eine neue Welt aufsteigt, vertritt auch das Märchen eine den Tod überwindende, zyklische Weltvorstellung. Niemals stehen daher Individuen im Mittelpunkt, sondern Repräsentanten kollektiver, nicht selten wie im vorliegenden Märchen polar gespaltener Lebensprinzipien, die im dramatischen Urkonflikt von Leben und Tod aufeinanderprallen.

In der Schlußszene richtet das übermächtige Leben als oberster Richter selbst über den Verschlinger, indem es ihn in den Brunnen stürzen läßt, dorthin, wo das Leben immer wieder neu seinen Ursprung nimmt. Tot ist der, der den Tod bringen wollte, während sich die sieben Geißlein mit ihrer Mutter zum Triumphtanz formieren um die Richtstätte, wo der Dämon des Todes sein verdientes Schicksal erlitten hat. Die Steine in seinem Bauch, die ihn in die Tiefe reißen, verweisen auf seine Unfruchtbarkeit und Erstarrung und entlarven ihn in seiner Nichtigkeit angesichts des sprudelnden Lebensbrunnens.

Ähnlich muß auch der Todesdrachen in den Weissagungen der Seherin Völuspa am Ende versinken. Das Märchen von dem Wolf und den sieben jungen Geißlein, von dem Widersacher und der ewigen Jugend des Lebens, handelt im Kern von der Unsterblichkeit der unablässig gebärenden, immer wieder auferstehenden Natur.

# Rapunzel

**Quelle:** nach der Erzählung von Friedrich Schultz, in: Kleine Romane Band 5, Leipzig 1790, S. 269–288

**Erstdruck:** KHM I, 1812

Wie in einer Reihe von anderen Märchen steht auch hier bei Erzähleinsatz die Geburt des Helden noch aus. Doch bereits in der Zeit vor der Niederkunft zeichnet sich der Konflikt ab, der die eigentliche Märchenhandlung auslöst. Der Heißhunger der Schwangeren auf die frischen, grünen Rapunzeln im Garten vor ihrem Fenster beschwört eine problematische Situation herauf.

Befremdlich ist die Unzugänglichkeit des Gartens, der, „von einer hohen Mauer umgeben", einer Zauberin gehört, „die große Macht hatte und von aller Welt gefürchtet ward". Der wunderbare Garten mit den schönsten Blumen und Kräutern dient nicht der körperlichen und seelischen Erquickung, sondern ist Sinnbild eines vor dem Zugang der Welt abgeschlossenen Daseins, einer inneren Schönheit, zugänglich nur der Zauberin, der Vertreterin einer höheren Existenz.

Unübersehbar zeigt der rätselhafte Garten Parallelen zur mittelalterlichen Vorstellung des Paradiesgärtleins, das in Anlehnung an das Hohelied Salomons als Mariensymbol geistlich umgedeutet wurde. „Meine Schwester, liebe Braut, du bist ein verschlossener Garten, eine verschlossene Quelle, ein versiegelter Born." (*Das Hohelied* 4,2) Die Zauberin stände, so gelesen, in der Nachfolge Marias, und ihre große Macht wäre begründet in ihrer geistlichen Stellung, die gerade deswegen so überlegen erscheint, weil sie sich von allem bloß Weltlichen abscheidet.

Die Schönheit des Gartens, zu dem nur Gott Zugang hat, sinnbildet den Einklang von Gott und Mensch, der sich ganz seiner geistlichen Bestimmung verschrieben hat. Im Grunde spiegelt sich in dem abgeschirmten Bezirk eine klösterliche Existenz. Die schwangere Frau, aus einem kleinen Fenster im Hinterhaus in den wunderbaren Garten blickend, ist demgegenüber Vertreterin des vitalen, weltlichen Daseins, dessen Perspektive auf ein Dasein jenseits ihres eigenen notwendig verengt ist. Für die Frau haben die innerhalb der Mauern wachsenden Rapunzeln lediglich höchst sinnliche Bedeutung. Sie genießt die gestohlenen Gartenfrüchte mit großem Wohlbehagen. „Sie hatten ihr aber so gut, so gut geschmeckt ..." Die Rapunzel (Rübenwurzel), die frische, grüne Blättchen treibt, wird zum natürlichen Sinnbild der junges Leben gebärenden Frau.

Doch die sinnliche Begehrlichkeit der Schwangeren hat Konsequenzen. Beim zweiten Versuch, Rapunzeln zu stehlen, wird ihr Mann von der Zauberin gestellt und gezwungen, ihr das Neugeborene zu versprechen, wobei sie allerdings zusichert, sie werde für das Kind wie eine Mutter sorgen. Gemeint ist die geistliche in Absetzung von der natürlichen Mutterschaft. Später nennt Rapunzel sie „Frau Gothel", also Gevatterin (ahd. gotmuoter). Auffällig ist, daß der Rapunzeldieb bereits beim zweitenmal ertappt wird, der zahlensymbolisch erwartete Dreischritt sich also nicht vollzieht. Durch die Enttäuschung der Erwartung entsteht indes eine deutliche, weiterdrängende Erzählspannung.

Das neugeborene Mädchen erhält nach den Pflanzen in dem abgeschlossenen Garten den Namen Rapunzel. Wie den Rapunzeln dort ist ihm fortan ein abgeschiedenes Leben bestimmt, eine Art nonnenhafter Klausur. Abgeschirmt von der Welt, lebt die Zwölfjährige in einem Turm ohne jeden Zugang, mitten im Wald, nur durch ein kleines Fenster mit der Außenwelt verbunden. Was man als Pubertätshütte gedeutet hat, ist wahrscheinlicher ein geistliches Domizil, wobei der zum Himmel aufragende Turm richtungweisendes Zeichen für ein höheres, über das bloß Irdische hinausgehobenes Dasein ist.

Doch die langen Haare scheinen hier eine andere Sprache zu sprechen. Ihre Üppigkeit verweist auf vitales Wachstum, während ihr Goldglanz sie mit der Sonne und den Sonnenstrahlen verbindet, mit der Fülle und der Schönheit der äußeren Welt. Zwanzig Ellen, wohl mehr als zehn Meter tief, fallen die gelösten Haare herab und beschreiben damit eine dem Aufragen des Turms entgegengesetzte Bewegung, zurück zur Erde, aus der die Rapunzeln herauswachsen. Verräterisch ist das Bild der an den Haaren emporsteigenden Zauberin, die mit dem Mädchen, das sie dem normalen Leben entzogen hat, sich eine höhere Daseinsweise erkauft zu haben scheint, zu der sie sich gleichsam, den anderen nur benutzend, heraufziehen möchte. Rapunzel wird zum Opfer für das angestrebte Himmelreich.

Die Gegenbewegung setzt mit der Ankunft des Königssohns ein, der an den Haaren herauf schließlich ebenfalls zu dem wunderschönen Mädchen gelangt. Mit ihm dringt in die geistliche Klausur ein unzweideutig erotisches Element ein. Das kleine Fensterchen, durch das er zu Rapunzel kommt, dient nicht länger – wie bei der Zauberin – der bloßen Anschauung, sondern ist Verweis auf die innige Vereinigung von Mann und Frau. Nichts kann ihr offenbar auf Dauer widerstehen. Rapunzels süße Stimme, vor allem aber ihr Haar, nun eindeutig als erotischer Reiz begriffen, weisen der geschlechtlichen Liebe den Weg. Die Frau zieht den Mann zu sich empor, um das Glück der Geschlechter auf Erden zu begründen. Ihre Zusammenkünfte sind auf den Abend und auf die Nacht beschränkt, auf die Zeit der Liebe, während der Tag der Zauberin vorbehalten bleibt.

Deutlich setzt Rapunzel Akzente, indem sie dem Prinzen innerlich den Vorzug gibt: „Der wird mich lieber haben als die alte Frau Gothel.“ Die frei gewährte erotische Liebe siegt im Handstreich über die erzwungene geistliche Abgeschiedenheit. Fortan sind alle Bestrebungen des Liebespaares allein darauf gerichtet, wie dem Turm, der überhöhenden Unterdrückung und Einkerkerung der natürlichen Entfaltung, zu entkommen sei.

Nicht das zum Himmel Aufstrebende ist dem Märchen wichtig, sondern das sich der Erde Zuneigende. Auf einer seidenen Leiter wollen die Liebenden hinabsteigen auf die Erde, um ihr Glück zu begründen, wobei die Leiter bewußt im gegenläufigen Sinn zum Turm verwendet wird.

Der märchenhafte Erzählprozeß ist darauf aus, das, was künstlich emporgehoben wurde, wieder auf den Boden zurückzuholen. Insofern gestaltet das Märchen die Kontrafaktur eines geistlichen in einen weltlichen Zustand. Der Prinz schickt sich an, den Dreischritt zu vollenden, indem er Rapunzel aus dem Turm entführen möchte, nachdem es dem Vater beim zweitenmal bereits mißlungen war, die begehrten Früchte ungesehen zu entwenden. Damals wie jetzt ging und geht es darum, das, was unzugänglich eingeschlossen war bzw. noch ist, seiner natürlichen Bestimmung wieder zuzuführen. Die Abschirmung der Rapunzeln wie des Mädchens, das den Namen der Früchte trägt, erscheint als eine ganz und gar widernatürliche Maßnahme, als Unterdrückung der sinnlichen Natur und des Lebensgenusses. Wiederum ist es das Mädchen, das die natürliche Wahrheit des Märchens ebenso schlicht wie anschaulich ausspricht: „Sag Sie mir doch, Frau Gothel, wie kommt es nur, Sie wird mir sehr viel schwerer heraufzuziehen als der junge Königssohn, der ist in einem Augenblick bei mir." In dem Maße, wie sich die erotische Liebe erfüllt, wird die Vertreterin des Geistlichen und Abgeschiedenen zur Last.

Die naive Unverstelltheit und Offenheit bringen den Menschen aber gerade dort in Schwierigkeiten, wo Verstellung und widernatürliches Wesen die Oberhand gewonnen haben. Jetzt zeigt die Zauberin ihr wahres Gesicht, ihren gegen alles Weltliche gerichteten Fanatismus. „Ach du gottloses Kind, ... ich dachte, ich hätte dich von aller Welt geschieden, und du hast mich doch betrogen!" Für den Märchenerzähler muß sich der ins Unrecht setzen, der den als gottlos bezeichnet, der seine Geschöpflichkeit hier auf der Erde zu verwirklichen sucht, wird doch schon zu Anfang der liebe Gott in Verbindung mit dem Wunsch der Frau nach einem Kind gebracht. Besonders hinterhältig wirkt der Versuch der Zauberin, dem Mädchen ein Schuldbewußtsein einzureden, indem sie ihm Betrug vorwirft, da es im Grunde doch nur seiner natürlichen Bestimmung und seinem Gefühl gehorcht und sich geöffnet hat, wo eine widernatürliche asketische Haltung alles verschließen will.

Grausam ist die Strafe der Zauberin. Das Abschneiden der Haare, im Mittelalter eine entehrende Strafe, richtet sich gegen die sinnliche Schönheit wie gegen das vitale Wachstum. Rapunzel wird in eine „Wüstenei" verbannt, an einen unfruchtbaren Ort, der die wahre Einstellung der Zauberin zum Ausdruck bringt. Die Zuwendung der geistlichen Mutter ist offenbar nur so lange gesichert, wie die strengen Gebote eingehalten werden. Wichtiger als der Mensch erscheinen die Normen. Die Überordnung des toten Gesetzes über das Leben aber bedeutet schlechthin Lieblosigkeit. Jetzt erst tritt die fatale Konsequenz der von hohen Mauern eingeschlossenen Rapunzeln zutage. In der eingemauerten Natur spiegelt sich die geistliche Verirrung, der Widersinn einer vom konkreten Leben abstrahierenden Haltung.

Wie schon der verschlossene Garten wird nun auch der ebenfalls im Hohenlied erwähnte Turm als Mariensymbol erkennbar, verbunden mit einer dem Märchen fremden Spiritualisierung. Dazu kommen die Dornen, in die der Prinz, „vor Schmerz" außer sich, vom Turm herabstürzt, nachdem ihm die Zauberin eröffnet hatte, er werde Rapunzel „nie wieder erblicken". Auch die Dornen verweisen auf Maria, die, wiederum in Anlehnung an das Hohelied, eine Lilie unter Dornen genannt wird, um ihre Unnahbarkeit für alles Weltliche zu bezeichnen. Die durch die kaum zufällige Häufung von Mariensymbolen erstellte geistliche Überwirklichkeit bildet für den Märchenerzähler den eigentlichen Anstoß, die Wirklichkeit wieder in ihr überkommenes Recht einzusetzen, in der die Liebenden ihr Glück finden und die Kette des Seins weitergeknüpft wird. Das aber setzt die Überwindung der Zauberin und der in ihr verkörperten geistlichen Überfremdung voraus, wobei Zauber zu verstehen ist als ein das Wirkliche verfälschendes Eingreifen, das ähnlich wie die Religion einen übernatürlichen Bereich als Realität vorstellt.

Zunächst aber scheint die Zauberin die Oberhand zu behalten. Der vom Turm herabstürzende Königssohn gerät in die Dornen, die ihm die Augen zerstechen. Erfüllt hat sich damit der Fluch, daß ihm die Augen ausgekratzt würden und er Rapunzel niemals mehr erblicken würde. Eine Welt, aus der die Geliebte entschwunden ist, hat jeden Reiz verloren und ist wie ausgelöscht. In der Blendung des Prinzen erfüllt sich der Fluch der Zauberin, zugleich aber bedeutet sie auch den Weltverlust des Liebenden, dem die Geliebte entrissen wurde. Das Versinken der Welt lenkt alle innere Kraft des Blinden auf das, was er verloren hat. „Da irrte er blind im Walde umher, aß nichts als Wurzeln und Beeren und tat nichts als jammern und weinen über den Verlust seiner liebsten Frau." Wer die Welt nicht mehr sehen kann, vielleicht gar nicht mehr sehen will, weil sie leer und öde geworden ist, dem steht um so klarer das, was ihm das Wichtigste ist, vor seinem inneren Auge.

Der jahrelang im Wald umherirrende Prinz ist einer harten Probe unterworfen, in der er mit Einsatz seiner ganzen Kraft, stets am Rande des Scheiterns, beweisen muß, daß er der Liebe Rapunzels würdig ist, die ihm zunächst wie ein Geschenk zugefallen war. Erst wenn er mit seiner ganzen Person für seine Liebe einsteht, kann er den Bann der Zauberin brechen. Das Märchen verschenkt nichts, sondern fordert den ungebrochenen Einsatz seines Helden. Nur seine überlegene Menschlichkeit kann alle Widersacher des Lebensglücks aus dem Felde schlagen.

Seine Unbeirrbarkeit führt den scheinbar ziellos umherirrenden Prinzen schließlich an das Ziel, das er trotz größter

Entbehrungen und äußersten Unglücks beharrlich verfolgt hatte. Gerade der Schmerz läßt ihn reifen und würdig werden für das Glück. Am Ende seiner Freierprobe trifft er Rapunzel mit zwei Kindern, einem Knaben und einem Mädchen, die Frucht seiner nächtlichen Besuche im Turm. Das Weibliche und das Männliche als Pole der natürlichen Welt garantieren den Fortbestand des Lebens, das die Zauberin in falschem geistlichem Eifer hatte aussperren wollen. Trotz ihrer Machenschaften hat sich siegreich durchgesetzt, wozu die Natur den Menschen bestimmt. Die Fruchtbarkeit der irdischen Liebe trägt am Ende den Sieg davon über alle Versuche der Entsagung und Überhöhung. Das Märchen ist im Irdischen verwurzelt und widersetzt sich mit Erfolg dem Verstiegenen. Jetzt erst ist der Dreischritt wirklich vollzogen und Rapunzel aus der Einkerkerung und dem Bannkreis der Zauberin befreit.

Aus der Maria, die sie werden sollte, ist die Eva geworden, aus der keuschen Jungfrau die mütterliche Frau. Das Märchen hat über die Legende, die diesseitige Erfüllung des Glücks über die entsagende Erwartung des Glücks im Jenseits gesiegt. Wie der Prinz in den langen Jahren seiner Bewährung stets auf dem Weg zu seiner Geliebten war und seine ausschließliche Orientierung an ihrem Leitbild ihn endlich ans Ziel geführt hat, so hat sich auch Rapunzel in der Wüstenei in ihrer Liebe zu den Kindern bewährt und ihr Glück am Ende verdient.

Ihre Tränen, Ausdruck der Trauer über das Schicksal ihres Geliebten und der Wiedersehensfreude, können deshalb zum Gesundbrunnen für den Erblindeten werden, weil sie aus dem Gefühl grenzenloser Hingabe an ihn fließen. In der unbedingten Zuneigung zum andern erreicht der einzelne sein Ziel, seine Gesundheit und sein Glück. Die Wiedervereinigung der Liebenden führt den Blinden aus seiner Finsternis zurück ins Licht und die Verbannte aus der Wüstenei in das Königreich, wo beide ihre natürliche Erfüllung im Hier und Jetzt finden.

# Hänsel und Gretel

**Quelle:** mündliche Version, wahrscheinlich vermittelt durch die Familie Wild in Kassel

**Erstdruck:** KHM I, 1812

Das zweifellos zu den populärsten Stücken der Sammlung zählende Märchen ist nach dem Erstdruck mehrfach umgearbeitet worden. Auffällig sind insbesondere die stilistischen Veränderungen in der 5. Auflage (1843) in Anlehnung an August Stöbers *Das Eierkuchenhäuslein* (1842), das wiederum von den früheren Drucken der Grimmschen Fassung angeregt worden war. Gerade an diesen wechselseitigen Einflüssen wird das Ringen um eine angemessene sprachliche Gestaltung deutlich, während der überkommene Motivbestand und die Motivverflechtung weitgehend unangetastet bleiben.

Kaum ein anderes Märchen zeigt so markant die Herkunft der Gattung aus den Schichten der Habenichtse und Hungerleider. So leitet eine Schilderung der sozialen Situation das Märchen ein und weist dem Erzählprozeß die Richtung. Der arme Holzhacker, der Ernährer der Familie, „hatte wenig zu beißen und zu brechen, und einmal, als eine große Teuerung ins Land kam, konnte er auch das täglich Brot nicht mehr schaffen". Gerade die armen Schlucker, weil sie von der Hand in den Mund leben, sind von wirtschaftlichen Schwankungen leidvoll getroffen.

Ein angemessenes Verständnis des Märchens muß von der wirtschaftlichen Notlage ausgehen, die den Familienvater, ohne Rückhalte und ohne Aussichten auf Besserung, nicht schlafen läßt. Die aussichtslose Lage führt zu einer verhängnisvollen Fehlentscheidung. Ungeachtet ihrer Verantwortung vor der heranwachsenden Generation, ist es die Mutter, die die Aussetzung der Kinder vorschlägt und diese trotz des anfänglichen Widerstands des Mannes durchsetzt. Die Frau dominiert in den untersten Schichten. Dies gilt sowohl im Bösen wie im Guten.

Wenn sie kurz darauf „Stiefmutter" genannt wird, so muß das nicht notwendig wörtlich genommen werden. Naheliegend im mehr übertragenen Sinn wäre die durch solchen Wortgebrauch artikulierte Kritik an ihrem stiefmütterlichen Verhalten. Immerhin bezeichnet der Mann Hänsel und Gretel zunächst als „unsere armen Kinder", und erst nach dem fatalen Vorschlag der Frau nennt er sie ausdrücklich „meine Kinder", da die Frau ihrer mütterlichen Fürsorge nicht gerecht wird und der Mann ihr von daher die Zugehörigkeit zu den Kindern abspricht. Einmal taucht sogar die Bezeichnung „Mutter" auf, während sie sonst in unübersehbarer Distanzierung nur „Frau" genannt wird im Unterschied zum Mann, der nahezu durchgehend als „Vater" auftritt.

Unmißverständlich nimmt das Märchen Stellung gegen den Egoismus der Alten, die auf Kosten der Jungen überleben wollen, und unterscheidet dabei Täter und Mitläufer, solche, die die Hauptlast der Schuld tragen, und solche, deren Schuld noch verzeihlich scheint, weil ihnen die Kraft fehlt, sich gegen das Verkehrte durchzusetzen. Immerhin hat der Vater ein untrügliches Gefühl für das Richtige. „Es wäre besser, daß du den letzten Bissen mit deinen Kindern teiltest." Damit ist der sittliche Maßstab des Märchens ausgesprochen, aber es bleibt nur beim Gefühl, während die Frau das Sagen hat und die Richtung des Handelns bestimmt, ohne offensichtlich von Gewissensbissen geplagt zu sein.

Ihr verkehrtes Verhalten kommt auch dort zum Ausdruck, wo sie sich vor den Kindern verstellt. Als Hänsel und Gretel nach der ersten mißglückten Aussetzung durch die ausgestreuten Kieselsteine nach Hause zurückfinden, entrüstet sie sich scheinbar über ihr langes Ausbleiben. Den Kindern aber ist bereits die Falschheit ihrer Mutter nur allzu offensichtlich, hatten sie doch das Gespräch ihrer Eltern in der Nacht mit angehört, in dem über ihr Schicksal entschieden worden war. Zeugen werden sie auch des Gesprächs, das dem zweiten Aussetzungsversuch vorangeht, so daß ihnen die eigentlich Schuldige nicht verborgen bleibt.

Auch jetzt müssen sie miterleben, daß der Vater zu schwach ist, sein richtiges Gefühl zur Geltung zu bringen. Der Mann, dem es nicht gelingt, seine Familie zu ernähren, hat offenbar jedes Mitspracherecht verloren, wenngleich ihn an der sozialen Misere keine Schuld trifft. Die Verhältnisse korrumpieren die sittlichen Maßstäbe und entmachten die, denen zumindest eine Ahnung davon geblieben ist, wie man handeln sollte. Doch das Märchen gibt sich auch hier nicht damit zufrieden, alles auf die Verhältnisse abzuschieben, vielmehr bilden diese im weiteren den Anstoß für den Erzähler, darzustellen, wie der Mensch sich als verantwortungsbewußt und sozial Handelnder gegen die widrigen Einflüsse und Bedingungen von außen durchsetzen kann. Dabei wechselt die Handlungsvollmacht von den Alten, die, korrupt bzw. zu schwach, unfähig sind, sich aufzubäumen und durchzusetzen, auf die Jungen.

Hänsel und Gretel, beim zweitenmal erfolgreich ausgesetzt, ohne Chance, den Weg zurück zum Elternhaus zu finden, sehen sich im tiefen, undurchdringlichen Wald ganz auf sich selbst gestellt. Eine extreme Situation, Tiefpunkt und Herausforderung zugleich. Trostloser noch als die Lage ihrer Eltern scheint nun ihre eigene, mit dem Unterschied indes, daß sie sich nicht um den richtigen Ausweg streiten, sondern bemüht sind, sich gegenseitig zu helfen und aufzubauen.

Im tiefen Wald, auf dem tiefsten Punkt ihrer Entwicklung, deutet sich eine Wende an. Ein weißer Vogel fliegt ihnen voran zum Hexenhaus. Nicht in der Rolle des hilfreichen Tieres, sondern in ambivalenter Umdeutung als Lockvogel führt er die Kinder nach Art der Lockjagd an einen Ort, wo ihnen Gefahr für Leib und Leben droht. Bereits in der näheren Umgebung des Hexenhauses scheint die Welt verkehrt. Die Ausgestoßenen und Verirrten erwartet keine Hilfe, sondern das endgültige Verschlungenwerden. Das Hexenhaus ist beides: Ort äußerster Gefährdung, aber auch der Bewährung, denn schließlich verdient nur der Tüchtige und Unerschrokkene die Rettung. Dazu aber bedarf es der Herausforderung.

Das Häuschen aus Brot, Kuchen und Zucker dient lediglich als Lockspeise für die Kinder, denen die Hexe auflauert. Erkennbar werden schon hier die Parallelen zum Verhalten der Mutter bei der ersten Heimkehr von Hänsel und Gretel. Dort wie hier begegnet die blanke Verstellung. Werden die Kinder dort scheinbar liebevoll wieder aufgenommen, um wenig später erneut grausam ausgesetzt zu werden, so wird ihnen hier ein Überfluß gewährt, der sie letztlich das Leben kosten soll. Die Leckereien, die sie zu sich nehmen, und das üppige Essen, das ihnen die Hexe auftischt, bilden in Wahrheit nur eine Henkersmahlzeit, ähnlich wie das Stück Brot, das ihnen die Eltern in die Hand drückten, bevor sie die Kinder ihrem Schicksal und dem aller Erwartung nach sicheren Hungertod überließen.

Sowohl die Stiefmutter als auch die Hexe wollen ihr eigenes Überleben sichern, indem sie die Kinder opfern. Beide verkörpern sie das Verschlingende und Lebensfeindliche schlechthin. In der Hexe ist das Verschlingende ins Raubtierhafte gesteigert. „Die Hexen haben rote Augen und können weit sehen, aber sie haben eine feine Witterung wie die Tiere ..." Auffällig ist, daß die Hexe offenbar nur Kindern auflauert und diese zu ihrer Beute macht. Solche an sich merkwürdige Fixierung erklärt sich aber dann, wenn man die Hexe als Projektionsfigur der Stiefmutter auffaßt. Die eine wie die andere bringt den Kindern Verderben, indem sie entweder ihr Leben aufs Spiel setzt oder ihnen gezielt nach dem Leben trachtet. Nicht nur der Hexe fehlt es dabei an Weitblick, sondern auch der Stiefmutter, die die in den Kindern verkörperte Zukunft des Lebens auf die Gegenwart ihres eigenen Überlebens verkürzen möchte.

Die Szene im Hexenhaus draußen im tiefen Wald ist vielfach mit den bösen Erfahrungen der Kinder im Elternhaus verbunden, das durch das stiefmütterliche Verhalten der Mutter ja ebenfalls bedrohlich gefährdende Züge angenommen hatte. In der Hexe und dem Hexenhaus ist wie in einem Alptraum das Verschlingende in grell überzeichneten Bildern gegenwärtig und wird in seinen fatalen Konsequenzen erst anschaulich. Zugleich ist der Schreckensort nicht nur Spiegel dessen, was ist und nicht sein sollte, sondern auch symbolischer Handlungsraum, indem dort das, was geschehen soll, um die Welt wieder in Ordnung zu bringen, analog zur Wirklichkeit inszeniert wird.

Konsequent verfolgt die Hexe ihre Mordpläne, um ihre kannibalischen Lüste zu befriedigen, die offenbar kein anderes Ziel haben, als sich durch das Verschlingen der Kinder gleichsam deren Jugend einzuverleiben. Bereits am nächsten Morgen läßt die Hexe die Maske fallen. Nachdem sie Hänsel wie ein Mast- und Schlachtvieh in einen Stall gesperrt hat, nötigt sie Gretel, sie in ihrem mörderischen Tun zu unterstützen, wobei sie, ihrer Sache völlig sicher, keinen Zweifel daran läßt, was sie im Schilde führt. In ihrer Verzweiflung ruft Gretel Gott an: „Lieber Gott, hilf uns doch ...“ Höhnisch entgegnet die Hexe:“Spar nur dein Geplärre, ... es hilft dir alles nichts.“

Gott ist entweder nicht bereit oder außerstande, in den furchtbaren Verlauf der Dinge einzugreifen. Zumindest zeigt sich die Hexe unbeeindruckt, und in der Tat geschieht kein Wunder, kein plötzliches übernatürliches Eingreifen, die das Schreckliche abwenden. Solange Gretel auf Hilfe von außen hofft, kann sich die Hexe in Sicherheit wiegen. Nur das eigene entschlossene Handeln hat die Macht, die Situation zu verändern. Einmal mehr wird deutlich, daß das Märchen weniger vom Glauben an den außermenschlichen Beistand als vom Vertrauen auf die menschliche Kraft getragen ist.

Gretel hat inzwischen reichlich Gelegenheit gehabt, Erfahrungen mit der Falschheit der Menschen zu machen. Nur wenn man nicht alles glaubt, dem andern mit wachem Mißtrauen begegnet und auf Verstellung und List mit den gleichen Mitteln antwortet, hat man eine Überlebenschance. Das Welt- und Menschenbild des Märchens ist weder naiv noch fatalistisch, sondern im elementaren Sinn realistisch. Vertrauen kann der Märchenheld jeweils darauf, daß er seine Chance erhält, dann aber kommt es darauf an, sie ohne Bedenken zu ergreifen. Der Märchenheld reüssiert ausschließlich als Tatmensch.

In Überschätzung ihrer Überlegenheit fällt die Hexe auf Gretels Trick herein und steckt den Kopf in den Backofen. „Da gab ihr Gretel einen Stoß, daß sie weit hineinfuhr, machte die eiserne Tür zu und schob den Riegel vor. Hu! da fing sie an zu heulen, ganz grauselig; aber Gretel lief fort, und die gottlose Hexe mußte elendiglich verbrennen." Mit genüßlichem Grauen wird die Tötung der Hexe geschildert, ohne Mitleid, mit unverhohlener Schadenfreude. Wer so offenbar das Leben anderer mißachtet, um seine eigenen Lebenspläne durchzusetzen, verdient den Tod. Die Hexe, den Kopf in den Backofen steckend, erinnert an den zum Tode Verurteilten, der seinen Kopf auf den Richtblock legt. In der Tat läßt sich der Vorgang als symbolische Hinrichtung der Rabenmutter in Hexengestalt auffassen. Eine an der Schuldigen wirklich vollzogene Hinrichtung durch die Kinder ist für das Märchen nicht darstellbar. Im symbolischen Vollzug aber geschieht das, was geschehen muß, um die durch das selbstische mütterliche Verhalten verkehrte Welt wieder in Ordnung zu bringen. Die symbolische Handlung, hier noch erkennbar als magische Praktik des Tötungszaubers, kündigt künftiges Geschehen an. Als die Kinder ins Elternhaus zurückkehren, ist die Stiefmutter tot. Das analoge Handeln hat seine Wirkung nicht verfehlt.

Nach ihrer erfolgreichen befreienden Tat gilt Gretels erster Gang ihrem eingesperrten Bruder. „Wie haben sie sich gefreut, sind sich um den Hals gefallen, sind herumgesprungen und haben sich geküßt." In Hänsel und Gretel verkörpern sich in repräsentativer Weise vorbildhaftes geschwisterliches Verhalten wie das männliche und das weibliche Prinzip, die nur zusammen stark sind und nur in solidarischer Anstrengung die Probleme und Konflikte zu lösen vermögen. Wo die Geschlechter aber uneins sind, wie im Elternhaus der Kinder, werden keine Probleme gelöst, sondern neue geschaffen. Hatte Hänsel die Schwester getröstet und ihr Mut gemacht, als sie im tiefen Wald verzagen wollte, so war es Gretel, die die endgültige Befreiungstat vollbrachte.

Für ihre gelungene Bewährungsprobe, die sie zu eigenverantwortlichen Menschen heranreifen läßt, fällt ihnen unmittelbar nach ihrer aktiven Befreiung die verdiente Prämie zu. Die Perlen und Edelsteine, von der Hexe nur gehortet, sind für Gretel eine Gabe, die sie mit nach Hause bringen kann, etwas also, das man nicht nur für sich beansprucht, sondern mit anderen selbstverständlich teilt. Gerade in ihrem solidarischen und sozialen Verhalten erweisen sich die Kinder dem egoistischen Verhalten der Stiefmutter wie dem der Hexe überlegen und schaffen damit erst die Bedingungen für ihren Triumph.

Gespiegelt wird solches Verhalten noch einmal in der Ente, die die Kinder über das Wasser trägt. Die Ente, wie alle Wasservögel als Symboltier der Fruchtbarkeit verstanden, steht für das mütterliche Prinzip der Fürsorge im Kontrast zur stiefmütterlichen Selbstsucht. Ihre weiße Farbe verbindet sie mit dem Lockvogel, der die Kinder in eine gefährliche Situation hineingeführt hatte, aus der sie die Ente nun endgültig herausführt. Damit ist die phantastische Binnenhandlung abgeschlossen und das verkehrte Wesen überwunden. Wiederum ist es Gretel, die Mitgefühl mit der Kreatur zeigt, indem sie der Ente nicht zumutet, beide auf einmal an das sichere Ufer zu bringen.

Drüben empfängt die Kinder nach dem Verlassen der fremden, unheimlichen Welt wieder die vertraute Wirklichkeit, wo sie zu Hause sind. „... da kam ihnen der Wald immer bekannter und immer bekannter vor, und endlich erblickten sie von weitem ihres Vaters Haus.“ Das Abenteuer der Bewährung und der Selbstfindung und des Sieges über die lebensfeindlichen Mächte liegt hinter ihnen, vor ihnen stellen sich neue Aufgaben in der Sorge um das gemeinsame Leben mit dem einsamen Vater, der sich sein Verhalten von damals selbst nie verziehen hat. Die Kinder aber sind es, die durch die Prämie für ihr entschlossenes, unerschrockenes Handeln fortan ein sorgenfreies Leben garantieren.

Hatte die Stiefmutter die Jungen zugunsten der Alten rücksichtslos opfern wollen, so erklären sich die Jungen mit dem alten Vater, der ihrer Hilfe bedarf, solidarisch. *Hänsel und Gretel* ist das Märchen von der gefährdeten und letztlich geglückten Solidarität der Geschlechter und der Generationen. Mann und Frau, Alt und Jung sind nur gemeinsam in der Lage, den Lebenskampf zu bestehen. Wo sich der eine, ungeachtet der Haltung des anderen, durchsetzt oder die einen die anderen aus selbstischen Gründen opfern, entstehen Probleme und Konflikte, die das Märchen phantastisch veranschaulicht und zugleich löst. Zum Schluß ist aus dem Hexenhaus wieder ein Vaterhaus geworden.

# Von dem Fischer un syner Fru

**Quelle:** Das von dem Maler Philipp Otto Runge erstmals aufgezeichnete Stück gelangte 1809 über Achim von Arnim in die Hände der Brüder Grimm.

**Erstdruck:** KHM I, 1812

Die in pommerscher Mundart aufgezeichnete Geschichte gehört zu den urtümlichsten Stücken der Sammlung. Entschieden verwahrte sich Jacob Grimm gegen die Kritik Arnims, der die Erzählung weniger als Kindermärchen denn als Fabel verstanden wissen wollte. Die Grimms sahen in den von Runge vermittelten Stücken, zu denen noch das Märchen vom Machandelboom zählt, Urmuster märchenhaften Erzählens. Gerade die Geschichte von dem Fischer, seiner unersättlichen Frau und dem geheimnisvollen Butt scheint solche Auffassung zu bestätigen, zumindest kann sie beitragen zu einem differenzierten Gattungsverständnis.

Kaum ein anderes Stück der Sammlung stellt wie das vorliegende den Wunsch und das Wünschen als die eigentliche dynamische Erzählsubstanz des Märchens ins Zentrum. Das, was den Kern des Märchens ausmacht, die potentielle Verwandlung einer kargen Wirklichkeit in eine Erfüllungsutopie, entfaltet sich hier, zumindest über weite Strecken, in einer beispielhaften Handlung, die die Entgrenzung wie die Grenzen des Wünschens sichtbar macht.

Drastisch werden gleich zu Anfang beschränkte Lebensverhältnisse als der Boden vorgestellt, aus dem die Wünsche wachsen. Der „Pißputt", in dem der Fischer und seine Frau wohnen, veranschaulicht in krasser Weise das Beengte und Anspruchslose. Doch bei aller Dürftigkeit scheint es keine wirkliche materielle Not zu geben. Die See erweist sich als unerschöpfliche Lebensquelle und unausschöpfbarer Nahrungsgrund, als ein ursprünglicher Naturbereich, dessen Lebensreichtum das Überleben aller garantiert. Der Überfluß macht jede planmäßige Bewirtschaftung entbehrlich.

Vertieft wird solche Auffassung durch die Begegnung des Fischers mit dem Butt. Vom Grund der See holt der Fischer ihn herauf, von dorther, wo alles Leben seinen Grund und seinen Ursprung hat. Der Butt, verbunden mit dem Element des Wassers, erscheint als latente Urkraft, als Potenz und Möglichkeit natürlichen Daseins. Er spricht die Sprache der Menschen und stellt sich als verwunschener Prinz vor, weil in ihm als Wesen des elementaren Existenzgrundes alle Möglichkeiten und Formen des Lebens verborgen sind, von den tierischen bis zu den menschlichen, für die der Prinz als eine hohe Ausbildungsstufe steht. Leben stellt sich dar als unaufhörlicher Gestaltenwandel. Der Prinz im Butt versinnbildlicht den Ursprung des Menschen aus dem Element des Wassers, aus der Natur. Daher die Achtung des Fischers vor dem gefangenen Fisch, dessen Tötung ja unweigerlich seine eigene Lebensgrundlage und alle Lebensmöglichkeiten schlechthin auslöschen müßte. Im achtungsvollen Verhalten des Fischers offenbart sich die ursprüngliche Symbiose von Mensch und Natur mit dem Ziel der selbstverständlichen Erhaltung des Lebensgrundes.

Mit dem sprechenden Fisch, das ist dem Fischer von vornherein klar, ist ihm kein gewöhnlicher Fang ins Netz gegangen, sondern der Grund für alles, was ihn am Leben erhält. Nicht einen Augenblick zögert er, der Bitte des Butts, ihn freizulassen, nachzukommen. Der Blutstreifen, den der Butt hinter sich läßt, verbindet sich mit dem Wasser und unterstreicht noch einmal die im Fisch repräsentierte elementare Lebenskraft. Blut und Wasser fließen als Urquellen des Seins ineinander. Für den Fischer, in der Achtung vor der Natur, ist dieser Vorgang ebenso selbstverständlich wie der sprechende Fisch und der in diesem verborgene Prinz. Der vitale

Wandel der Gestalten, gespeist aus der unerschöpflichen Lebenskraft, ist Teil seines eigenen Daseins, das er bedingungslos akzeptiert ohne den Wunsch, darüber hinaus zu gelangen. Die selbstverständliche Symbiose von Natur und Mensch verweist auf einen ursprünglichen, paradiesischen Zustand, auf ein Dasein jenseits von Luxus und Macht, zufrieden mit dem, was die Natur gewährt, im Vertrauen auf ihre lebenserhaltende Kraft.

Die Begegnung des Fischers mit dem Butt findet im Rahmen einer eingesprengten mythischen Erzählung statt, in der der Mensch den Grund seiner Existenz unmittelbar erlebt und mit ihm vertraut wird. Das Märchen setzt erst dort ein, wo man die Lebenswirklichkeit als ungenügend und korrekturbedürftig empfindet und aus solchem Empfinden der Wunsch nach einer als besser und erfüllter erachteten Wirklichkeit entsteht. Erzählend gilt es, den Mangel auszugleichen. Im Mythos fühlt sich der Mensch wunschlos eins mit den Bedingungen seines Lebens, die er in lebendigen Bildern erlebt und respektiert. Im Märchen erfährt er die Bedingtheit seines Daseins als Anstoß für den Wunsch nach bedingungslosem Glück. Steht das mythische Erleben im Grunde der Paradieserfahrung nahe, so setzt im Märchen das Bewußtsein des verlorenen Paradieses die Handlung, verstanden als persönliche Paradiessuche, erst in Gang.

In *Der Fischer un syne Fru* ist der Mann eng verbunden mit der ursprünglichen, mythisch erlebten Wirklichkeit. Nicht zufällig ist auch der Butt männlich, da nach antiken und christlichen Schöpfungsmythen der Mann als erster Mensch erscheint, der von daher dem schöpferischen Akt selbst noch näher steht. Im Eingang der Geschichte treten daher folgerichtig der Fischer und der Butt auf, der Ersterschaffene und das schöpferische Prinzip überhaupt. Die Szene jenseits von Geschichte und Gesellschaft nähert sich einer mythischen Ursituation, in der das ewig Fortzeugende in der Tiergestalt lebendig wird. Die eigentliche Märchenheldin aber ist die Frau. Als Zweiterschaffene – so auch im christlichen Schöpfungsmythos – verkörpert sie die Eva, deren Unzufriedenheit mit den gegebenen Lebensverhältnissen offen hervortritt, als sie von der Begegnung ihres Mannes mit dem Butt hört, der allein schon auf Grund seines Verhaltens über wunderbare Kräfte verfügen muß, die es zu nutzen gilt. Nicht der Sinn, sondern der Zweck ist ihr wichtig, nicht der selbstverständliche, bedürfnislose Einklang mit dem Lebensgrund, sondern dessen Ausbeutung für die eigenen Interessen. Die Geschichte bedient sich überkommener symbolischer Personalmuster, ohne das Weibliche ausdrücklich diskriminieren zu wollen. Ziel ist in erster Linie die personifizierte anschauliche Darstellung des Zerbrechens mythischer Lebensharmonie durch das märchenhafte Bewußtsein der Diskrepanz zwischen Wunsch und Wirklichkeit.

Der Wunsch der Frau nach einem besseren Haus, auf den ersten Blick verständlich, bedeutet die beginnende Entfernung von der Symbiose des Menschen mit dem Gegebenen und damit den ersten Schritt auf dem Wege zu immer höheren, übersteigerten Ansprüchen. Mit dem Wunsch, mehr zu haben, als die Natur ursprünglich zugestanden hat, beginnt der Mensch seine Unschuld zu verlieren. Zwar erfüllt der Butt den Wunsch der Frau widerspruchslos, aber die See hat sich bereits beim ersten Wunschgang des Fischers eingetrübt, nachdem ihre anfängliche Klarheit noch auf das wunschlos glückliche Einssein des Menschen mit dem Lebensgrund verwiesen hatte. Der Mann, in der ersten Szene selbständig Handelnder, handelt hier und im weiteren im Auftrag seiner Frau, deren Begehren er intuitiv nicht recht findet, die er aber trotzdem zufriedenstellen möchte, da er sich eine Welt ohne die Eintracht der Geschlechter nicht vorstellen kann. Das Zerbrechen der Symbiose von Mensch und Natur beschwört zugleich einen Konflikt zwischen Mann und Frau herauf. Während der Mann den Zustand nach der großzügig gewährten Wunscherfüllung jeweils festschreiben will, um das ursprünglich harmonische, von keinem Habenwollen getrübte Lebensgefühl wieder zurückzurufen, behält sich die

Frau stets eine Bedenkfrist vor, die regelmäßig damit endet, daß sie sich mehr wünscht, als sie bereits erhalten hat. Die Entfesselung des Habenwollens setzt einen Prozeß in Gang, der den, der haben will, willenlos fortreißt, indem er ihn zum Sklaven seiner eigenen Wünsche macht.

Jede Erfüllung ruft neue Wünsche hervor, ohne daß sich Zufriedenheit einstellt. Die kleine Hütte, bereits unvergleichlich komfortabler als der „Pißputt", weckt bereits nach wenigen Tagen die Begierde nach einem großen Schloß aus Stein. Wirklicher Bedarf und blanke Besitzgier klaffen weit auseinander. Das Haben um seiner selbst willen korrumpiert den unersättlich nach immer größerem materiellem Besitz Strebenden und zerstört seinen inneren Frieden. Kein Glück stellt sich ein, sondern eine sich von Mal zu Mal steigernde Begehrlichkeit. Der Grad menschlicher Korruption spiegelt sich im Zustand der See, die sich beim zweiten Wunschgang noch dunkler und bedrohlicher eingefärbt hat. Ohne zu zögern erfüllt der Butt auch den Wunsch nach einem Schloß, auffällig aber ist hier wie auch sonst, daß er die Gabe jeweils an die Frau adressiert, wie denn der Fischer niemals für sich selbst, sondern immer nur für seine Frau etwas wünscht und der plötzliche Reichtum auf ihn ohne tieferen Eindruck bleibt.

Nach der nicht mehr zu überbietenden Steigerung ihrer Besitzansprüche will die Frau im weiteren auch die Macht über Land und Leute an sich binden. Mit Hilfe des Butts, der als schöpferisches Prinzip des irdischen Daseins jeden Wunsch in diesem Rahmen zu erfüllen vermag, steigt sie zum König und zum Kaiser auf, wobei die Abstände zwischen den einzelnen Wunscherfüllungen, die Gier der rastlosen Frau unterstreichend, immer kürzer werden. Gegenläufig zum scheinbar unaufhaltsamen Aufstieg der Frau verändert sich die See mehr und mehr zum Bedrohlichen und Düsteren, so, als wolle sie die von Besitz und Macht Besessene warnen, in ihren übersteigerten Wünschen fortzufahren. Je mehr der einzelne für sich selbst fordert, je ungeschminkter sein Egoismus zutage tritt, desto mehr gerät er in Widerspruch zum natürlichen Urgrund seines Daseins, zu seinem ursprünglichen Naturzustand, dem sowohl Besitz als auch Macht fremd sind. Ungeduldig und ohne Einsicht schlägt die Frau alle Bedenken ihres Mannes in den Wind, seine Warnungen, daß ihr unersättliches Wünschen nicht gut ausgehen könne, ebenso wie seine feste Überzeugung, daß ihr Verhalten nicht recht sei. „Dat is nich recht un is nich recht." Das Maß der Geschichte ist nicht das Glück, daß man am Ende mehr hat oder mehr ist als am Anfang, sondern das ursprüngliche naive Glück, daß man durch unersättliches Wünschen verrät und zunichte macht.

Selbst nach Erreichen der höchsten weltlichen Macht schweigen die Wünsche der Frau nicht still. Rastlos richtet sich ihr Ehrgeiz darüber hinaus auf das höchste geistliche Amt, auf den Papstthron, der in der Geschichte die weltlichen Herrscher überthront, da nach christlichem Glauben alle Macht von Gott stammt und im Papsttum ihre reinste Ausbildung findet. Aber die Selbstverständlichkeit, mit der die Frau, nicht etwa durch persönliche Verdienste und Leistungen, sondern durch reines Wunschglück die höchsten Stufen der Herrschaft erreicht, wirft ein kritisches Licht auf den realen Zustand weltlicher wie geistlicher Macht. Nicht die Besten haben die höchsten Ämter inne, vielmehr sind es die Glücklichen mit den einflußreichsten Beziehungen. Die Macht fragt weder nach Kompetenz noch nach Moral. Selbst nachdem sie Papst geworden ist, geht die Frau wie bisher ohne Bedenken mit ihrem Mann zu Bett.

Der fünfte Wunschgang unterscheidet sich von den vorausgegangenen schon allein dadurch, daß zu den visuellen nun auch akustische Warnsignale treten. Schwere Gewitter drohen am Himmel. Während der Blick bisher auf die sich unheilvoll verändernde See gerichtet war, ist er jetzt in aufkeimender Angst vor der göttlichen Bestrafung des Hochmuts auch aufwärts gerichtet. Die ungezügelte menschliche Begehrlichkeit bringt aber nicht nur den Begehrenden selbst, sondern die ganze Welt in Gefahr. „,... un von feern seeg he de Schepen, de schöten in der Noot, un danßen un sprüngen up den Bülgen." Die rastlose Suche nach der persönlichen höchsten Glückserfüllung hat ein Chaos zur Folge.

Konsequent macht der Mensch, der aus dem glückseligen Naturzustand herausgefallen ist, auch dann nicht halt, als er alles erreicht hat, was die Welt ihm bieten kann. Von der Hybris ergriffen, erweckt er den Eindruck eines Besessenen. „Do köhm se in de Booshait, de Hoor flögen ehr so wild üm den Kopp, da reet se sik dat Lyfken up un geef im eens mit dem Foot ..." Der Hybride verliert jede Selbstkontrolle und Selbsteinschätzung. Am Ende ist aus der Fischersfrau eine Furie geworden. In wahnsinniger Selbstüberhebung begehrt das Geschöpf den Rang des Schöpfers und fällt dadurch endgültig aus der Seinsordnung heraus.

Der Aufruhr auf der Erde wie am Himmel erreicht beim sechsten und letzten Wunschgang des Fischers seinen Höhepunkt. Parallel zum Sechstagewerk des Schöpfers, das sich am sechsten Tag vollendet, ist es der sechste Wunsch, der sich in der Selbsterschaffung und Vergöttlichung des Menschen erfüllen soll. Doch das Scheitern ist unausweichlich, weil alle Vollendung Gott allein vorbehalten ist. Dem Menschen ist die sinnliche Welt zugewiesen, wobei die Zahl von fünf erfüllbaren und tatsächlich erfüllten Wünschen auf die Fünfzahl der Sinne verweist. Mit dem sechsten Wunsch überschreitet der Mensch die ihm zugestandene Sinnenwelt und wird zurückgestoßen in den Zustand, von dem das Wünschen seinen Ausgang genommen hatte. Die Wiederherstellung des Naturzustandes schließt den Kreis. Am Ende ist es wie am Anfang.

Nichtig erscheint alles Wünschen. In weiser Gelassenheit führt der Erzähler den hybriden Menschen bis zu dem Punkt, wo dieser sein eigenes Scheitern auslöst. Letztlich vermag das Geschöpf die Schöpfung nicht zu gefährden, da die Begehrlichkeit das Scheitern des Begehrenden immer schon in sich enthält. Im Grunde erscheint alles Streben nach Besitz und Macht nichtig und sinnlos. Am Ende steht der Mensch wieder mit leeren Händen da, nachdem ihn das einmal entfesselte Verlangen, immer mehr zu haben und mehr zu sein, unweigerlich über die gesteckten Grenzen hinaus getrieben hat. Erkennbar wird in solcher Auffassung die Perspektive des kleinen Mannes, der sich Besitz und Macht erträumen mag, die indes beide für ihn unerreichbar bleiben. Insofern handelt es sich um eine Beschwichtigungs- und Tröstungsgeschichte, die das, was außerhalb der Reichweite der unteren Schichten ist, herunterspielt. Erhalten aber bleibt dennoch die unverhohlene Kritik an einer an Besitz und Macht um ihrer selbst willen orientierten Welt.

In diesem Zusammenhang stellt sich auch die Gattungsfrage neu. Die Wunschhandlung im Binnenteil ist in der Erzählanlage zweifellos märchenhaft, nicht aber in ihrer Ausführung. Allein die ungewöhnlich hohe Zahl der Wünsche erweckt den Eindruck einer leerlaufenden Wunschautomatik, die das motorische Erzählprinzip übererfüllt und damit schrittweise ad absurdum führt. Die korrespondierenden, in ihrer Bedrohlichkeit gesteigerten Naturbilder offenbaren die zunehmende Fragwürdigkeit der geäußerten Wünsche. Die Unersättlichkeit und die hybride Grenzüberschreitung des Wünschens lassen die märchenhafte Erzählstruktur endgültig zusammenbrechen. In der Tat handelt es sich weniger um ein Märchen als um seine schrittweise Widerlegung im Stil einer gegenläufigen Gattungserfüllung. Richtungweisend sind nicht die Bereicherung und die Erhöhung des Märchenhelden, sondern sein Scheitern und seine Disqualifikation. Maß aller Dinge ist der rahmenbildende Naturzustand, mythisch vertieft durch die erste Begegnung des Fischers mit dem Butt. Nur in der problemlosen Symbiose von Mensch und Natur scheint ein Dasein in innerem und äußerem Frieden gewährleistet. Das Märchen als Erzählform wunschgeleiteter Glückssteigerung entpuppt sich als Farce des unersättlich begehrenden Menschen.

# Das tapfere Schneiderlein

**Quelle:** Die vorliegende Fassung stellt eine Kontamination aus einem durch die Familie Hassenpflug aus Kassel vermittelten Fragment, einer zweiten Version aus Hessen unbekannter Herkunft und aus einer Erzählung aus dem *Wegkürtzer* von Martinus Montanus (um 1557) dar.

**Erstdruck:** KHM I, 1819

Man hat die Geschichte vom tapferen Schneiderlein ein Schwankmärchen genannt, weil es dem Märchenhelden nicht etwa durch aufrichtige Leistung und heldische Taten, sondern durch List und Verschlagenheit gelingt, die Welt zu übertölpeln und so in die höchsten Ränge aufzusteigen. Von jeher war der Schneider wegen seines Berufs, der mehr Geschicklichkeit als Körperkraft erfordert und mehr dem Schein als dem Sein zugewandt ist, ein Gegenstand des Volkswitzes. Daher eignet er sich wie kaum ein anderer Vertreter eines Berufsstandes, an ihm den Weg von der Mißachtung zur höchsten Achtung, von der komischen Figur zur ernst zu nehmenden hohen Standesperson zu verfolgen.

Der Aufstieg des Schneiders wird zum Exempel einer repräsentativen Märchenkarriere, die mit Vorliebe ganz unten ansetzt, um steil nach oben zu führen. Der kleine Mann, aus dem ein Großer wird, ist eines der beliebtesten Märchenthemen, der Traum der Nobodies, ein Jemand zu werden, wobei man, was die Mittel angeht, nicht sonderlich wählerisch ist.

Das Märchen führt in die beengte Welt des Kleinbürgers, geprägt von Arbeitsamkeit und Sparsamkeit. Pointiert läßt die Szene mit der Musverkäuferin die kleinbürgerlichen Sehnsüchte nach bescheidenem Genuß erkennen, nach einem besonderen Reiz in der Monotonie des Arbeitsalltags. Doch setzt man der Befriedigung der Lust von vornherein Grenzen. Der Schneider nimmt zum Verdruß der Frau nur eine kleine Menge ab und steigert in der Vorfreude angesichts des mit Mus bestrichenen Brotes den hinausgeschobenen Genuß, von dem dann aber selbst keine Rede mehr ist. Die Stube, in der der Schneider dem Leser zunächst begegnet, seine Knausrigkeit und sein spießiges Genußverhalten, alles deutet auf Beschränkung und Beschränktheit hin.

Zugleich aber ist etwas Besonderes um den Schneider. Die Wendung „zartes Haupt" scheint zunächst spöttisch ironisch gemeint zu sein, verweist aber gleich zu Anfang auf den später sich entfaltenden, pfiffigen Einfallsreichtum, der das Kräftige und Starke übertrumpft. So ist das Erschlagen von sieben Fliegen auf einen Streich wohl ein Glücksfall, keineswegs aber eine Heldentat. Worauf es ankommt, ist nicht das Geschehene selbst, sondern was man aus ihm macht, nicht die Tat, sondern das geschickt gesetzte Wort. Was da in Großbuchstaben auf dem Gürtel steht „Siebene auf einen Streich!" ist nicht einmal geflunkert, es stellt nur die verkürzte Form der ganzen Wahrheit dar, die nun jeder, der den Spruch liest, nach seinem Verständnis ergänzen kann. Clever nutzt der Schneider die Virtualität der Sprache, indem er aus der Wirklichkeit des banalen Vorfalls die Möglichkeit einer heldischen Ausnahmeleistung entwickelt. Der Einfall ersetzt das, was wirklich der Fall ist, und begründet den märchenhaften Aufstieg des kleinen Mannes.

Die Welt will betrogen sein, und nur der reüssiert in ihr, der das Nichtigste zum Bedeutungsvollsten aufbaut, aus der Mücke einen Elefanten macht, und sich selbst, mag man noch so mittelmäßig und kümmerlich sein, als Tausendsassa aufspielt.In der Inszenierung des Scheins ergreift der Schneider konsequent die Chancen seines Berufs. Der Gürtel, bei dem germanischen Gott Thor und bei Brunhilde Träger besonderer Kraft, wird zur Schwindelattrappe, zum Scheinargument in einer stets auf den Schein hereinfallenden Gesellschaft. Der Märchenheld hat oft eine schlechte Meinung von der Welt, aber immer die beste von sich selbst.

Als Parodie des epischen Helden zieht der Schneider hinaus zu beispiellosen Abenteuern, die sich insgesamt zu einem parodistischen Zerrbild der Heldendichtung fügen. „Der Schneider band sich den Gürtel um den Leib und wollte in die Welt hinaus, weil er meinte, die Werkstätte sei zu klein für seine Tapferkeit." Lächerlich erscheint die Welt, die allein auf Stärke setzt und sich durch die bloße Vortäuschung von Stärke ins Bockshorn jagen läßt.

Doch vor seinem Triumph muß der Schneider sein Gesellenstück ablegen, für das das Märchen seinen Helden in zukunftsgewisser Vorhersehung bestens ausstattet. Der alte Käse wie der gefangene Vogel, dem Schneider in ihrem Nutzen noch unklar, sind notwendige Requisiten einer glücksgesteuerten Handlung, der man sich nur anzuvertrauen braucht, um ans gewünschte Ziel zu gelangen, weil die Erzählphantasie des Märchens mit dem kleinen Mann im Bunde ist. Steil führt der Weg zum „höchsten Gipfel", zum Höhepunkt der persönlichen Entwicklung und Vergewisserung der eigenen überlegenen Position. Diese aber ist nur in einer Bewährungsprobe erfahrbar, in der Auseinandersetzung mit den bisher als unüberwindbar eingeschätzten Hindernissen auf dem Weg zum persönlichen Aufstieg. Die Gründe aber für den langen Verzicht auf die eigene Erhöhung liegen im einzelnen selbst, in der Überschätzung dessen, was sich einem in den Weg stellt.

Mit dem Riesen auf dem Gipfel des Berges tritt dem Schneider die aus der Perspektive des kleinen Mannes ins Gigantische gesteigerte Welt und eine Verkörperung der sogenannten höheren Mächte entgegen. Erst nach der erfolgreichen Überwindung seines eigenen Minderwertigkeitsgefühls und der in ihm selbst begründeten Übersteigerung seiner Wirklichkeit ist er imstande, sich zu behaupten und durchzusetzen. In den Augen der Welt, die aus der Sicht des Schneiders in all seiner Beschränktheit riesenhaft erscheinen muß, ist er wirklich nur ein „miserabler Kerl“, wie ihn der Riese tituliert. Aber gerade aus dem Zwergenbewußtsein erwachsen Rieseneinfälle, die eigene Kleinheit zu kompensieren.

Aus der simplen Kraftprobe des Riesen macht der Schneider eine Klugheits- und Scharfsinnsprobe. Der Kopf triumphiert über die Muskelkraft, wobei sich die eingesammelten Requisiten als Glücksgriffe erweisen. Der Märchenheld muß nur im richtigen Augenblick die richtigen Dinge ergreifen und später sinnvoll einsetzen, um sein Glück zu machen. Zaudern und Zögern oder gar die Nichtbeachtung des scheinbar Unbedeutenden bringen ihn um den Erfolg. Der Riese ist so dumm, so befangen wie alle Kraftprotze in der Zurschaustellung seiner eigenen Stärke, daß er die offenbaren Betrugsmanöver seines Kontrahenten nicht durchschaut. Die erfolgreiche Täuschung des Riesen aber steigert das Selbstbewußtsein des Schneiders, indem ihm aufgeht, daß die ins Riesenhafte übersteigerte Welt eigentlich nur in seiner Vorstellung existiert und durch plumpe Taschenspielertricks außer Kraft zu setzen ist.

Auch die folgenden Prüfungen, wenngleich ihm keine weiteren hilfreichen Reqisiten zur Verfügung stehen, können den Schneider nicht mehr in Verlegenheit bringen. Sein Selbstbewußtsein ist bereits so weit gestiegen, daß er die folgenden Herausforderungen nun aus sich selbst heraus siegreich bestehen kann. Sowohl beim Tragen des Baumstamms, wobei der Riese dumm genug ist, vorn anzupacken und dem Schneider den Rücken zuzukehren, als auch in der Szene mit dem vom Riesen heruntergezogenen Kirschbaum, der den Schneider in die Höhe schnellt, weiß sich dieser durch listiges Verhalten und lügnerische Erfindung aus der Affäre zu ziehen.

In vier schwankhaften Episoden, in denen jeweils der Klügere über den Stärkeren die Oberhand behält, ist der Riese am Ende der Dumme. Seine Niederlagen relativieren die vorgestellte Größe der Welt, die ja nur so lange groß und unüberwindlich erscheint, wie man sich ihr kleinmütig unterwirft. Die vorgetäuschte Stärke entlarvt die scheinbar übermächtige Wirklichkeit, so daß das Selbstbewußtsein des kleinen Mannes aus fraglos hingenommener Beschränktheit in dem Maße wächst, wie er seine Bilder von einer riesenhaft übersteigerten Wirklichkeit zu revidieren lernt. Nur wenn der einzelne aufhört, seine Welt zu gigantisieren, und sich von dem Glauben an scheinbar höhere Mächte, wie den Riesen auf dem Berggipfel, verabschiedet, schafft er sich Raum für die eigene Erhöhung.

Die Riesen und ihre Art zu leben lehren ihn aber auch, wie man sich einrichten könnte, nachdem man die kleinbürgerliche Enge hinter sich gelassen hat. Beim Eintritt in die Höhle der Riesen schießt es dem Schneider durch den Kopf: „Es ist doch hier viel weitläufiger als in meiner Werkstatt." Als die Riesen am Ende der entscheidenden Bewährungsprobe in abergläubischer Furcht vor ihm davonlaufen, hat er den Schein weltlicher Übermacht endgültig entlarvt und nimmt nun selbst den Platz derjenigen ein, die sich vorher als die Starken und Mächtigen aufgespielt hatten. Nicht im Rahmen der Heldendichtung, sondern des Schwanks erweist sich der kleine Mann als siegreich und kann sich nun nach bestandener Bewährungsprobe anschicken, in der menschlichen Welt real sein Glück zu machen.

Was ihm bei den Riesen gelang, gelingt ihm bei gestiegenem Selbstbewußtsein nun im Handumdrehn. Der Gürtel mit seiner martialischen Aufschrift macht auf die dem Schein verfallenen Menschen einen gewaltigen Eindruck und lenkt von der eher kümmerlichen Gestalt seines Trägers ab. Grotesk ist die Diskrepanz zwischen dem, was der Schneider in Wahrheit ist, und dem, was er den Leuten zu sein scheint. Vor der Gürtelaufschrift weichen alle einschließlich des Königs in panischer Angst zurück. Das großsprecherische Wort triumphiert über die reale Macht, der aufgeputzte Schein über das furchtsame Sein. Der Schneider, der sich sein Leben lang hatte blenden lassen von der trügerischen Großartigkeit der Welt, hat den Spieß einfach umgedreht.

Eine dritte Serie von Bewährungsproben erwartet ihn, nachdem er die beiden ersten, einmal mit den hilfreichen Requisiten, zum andern ganz allein auf seine Klugheit gestellt, siegreich bestanden hatte. Diesmal geht es nicht länger nur um die persönliche Profilierung durch Überwindung des Minderwertigkeitsgefühls, sondern um den Erwerb von Macht, Reichtum und Liebesglück. Auf die noch mehr symbolisch vollzogene Selbstwertsteigerung folgen der Erwerb realer Güter und die Eroberung der Welt. Hier erst beginnt das eigentliche Märchen, für das die schwankhafte Bewährung die unabdingliche Voraussetzung bildet. Endet der Schwank mit der überlegenen Geste des Helden, so führt das Märchen seinen Helden zum handgreiflichen Erfolg.

Ein halbes Königreich und eine Prinzessin winken dem, der zwei gefährlichen Riesen den Garaus macht, die ihm nun allerdings, eindeutig auf der Seite des Bösen, als gewaltige Räuber entgegentreten. Bildete sich in den Riesen zunächst die Projektion eines eingeschüchterten Bewußtseins ab, so handelt es sich hier um eine reale Gefahr. Gleichgeblieben aber ist die Taktik des Schneiders. Zu klug, sich den riesenhaften Räubern im offenen Kampf zu stellen, provoziert er sie zu einem mörderischen Streit. Erst dann, als beide tot vor ihm liegen, traktiert er sie mit dem Schwert, um den Eindruck zu erwecken, er habe sie im ritterlichen Zweikampf besiegt. Witzig werden erneut die epische Heldendichtung und nun auch ihr Schwertfetischismus parodiert. Nicht der schwertschwingende Ritter trägt den Sieg davon, sondern das clevere Schlitzohr, das aus der Dummheit der Welt Kapital schlägt.

Der König aber, aus Furcht vor dem scheinbar unüberwindlichen Kriegshelden und um seinen Thron, verhält sich wie viele Potentaten intrigant und wortbrüchig, indem er dem Schneider weitere Aufgaben überträgt. Wie im Kampf mit den Riesen geht es auch in den abschließenden Episoden um die listige Übertrumpfung physischer Stärke. Der kleine Mann, chancenlos als Held im offenen Kampf, hat nur Erfolg als fintenreicher, durchtriebener Schelm. Zwei Jagdschwänke bringen ihn letztlich ans Ziel seiner Wünsche. Das fabelhafte Einhorn, dessen Horn sich in einen Baum bohrt, nachdem der Schneider blitzschnell zur Seite gesprungen ist, und das Wildschwein, das sich in einer Kapelle verfängt, während der Schneider aus dem Fenster springt, gelten beide im Volksglauben sowohl als außergewöhnlich stark und tapfer als auch gerade aufgrund dieser Eigenschaften als Sinnbilder des starken Mannes und Herrschers. Zugleich bildet sich im Einhorn wie im Wildschwein das bloß Animalische einer Auffassung ab, die allein auf Stärke setzt. Mit ihnen überwindet der Schneider endgültig das Prinzip physischer Macht, indem er die abgefeimte Klugheit als neues, durchschlagendes Erfolgsrezept etabliert. Er wird zum Herkules des kleinen Mannes. Bezwang jener die Giganten und den erymanthischen Eber durch überlegene Kampfkraft und physische Ausdauer, so setzt sich der Schneider allein kraft trickreicher Strategien durch.

Als Prämie fallen ihm das Königreich und die Prinzessin zu. Doch das Märchen vom Aufstieg des Kleinen zum Großen endet nicht mit der ständischen Erhöhung des Schneiders. Gerade sie ruft eine erneute Krise hervor, da die Standesgrenzen eigentlich unaufhebbar sind. Hätte der König „gewußt", so deutet sich die Problematik bereits beim Happy-End an, „daß kein Kriegsheld, sondern ein Schneiderlein vor ihm stand, es wäre ihm noch mehr zu Herzen gegangen". Seine Träume verraten den Schneider. Aus Standesdünkel versuchen die Tochter und der König daraufhin sich seiner zu entledigen, indem sie einen nächtlichen Überfall inszenieren. Doch die geheime Solidarität der kleinen Leute macht die Intrige zunichte. Durch den Waffenträger erfährt der frischgebackene König von dem geplanten Anschlag.

Ein letztesmal gilt es, sich durch List einer Welt gegenüber durchzusetzen, die sich dem eigenen Glück in den Weg stellt. Mußte sich der Schneider bisher mit der physischen Macht auseinandersetzen, so begegnen ihm nun die standesstolzen Vorurteile der Mächtigen, die keine Außenseiter, schon gar nicht einen Vertreter der unteren Schichten in ihre Kreise eindringen lassen wollen. Der Schneider aber fingiert einen Heldentraum, in dem er all seine angeblichen Heldentaten noch einmal laut resümiert. „Das Schneiderlein, das sich nur so stellte, als wenn es schlief, fing an, mit heller Stimme zu rufen ..." Der Erfolg ist durchschlagend. Die gedungenen Häscher fliehen in großer Furcht.

Nicht die wirklichen Heldentaten sind es, sondern die bloß erträumten, die die Welt das Fürchten lehren. In der erfolgreichen Traumfiktion am Ende, die das Königtum des Schneiders endgültig sichert, spiegeln sich noch einmal das Erzählprinzip fingierter Wirklichkeit und damit das subversive Erfolgsrezept einfallsreicher Täuschung als Antwort auf fortgesetzte Einschüchterung, aber auch die Träume der Zukurzgekommenen von einer besseren und glücklicheren Welt, in der die Starken das Nachsehen haben, der Arroganz der Macht ein Schnippchen geschlagen wird und die starren sozialen Grenzen aufgehoben sind, so daß jeder, vor allem aber der kleine Mann, eine Aufstiegschance erhält, wenn er entschlossen und pfiffig genug ist, sein Glück selbst in die Hand zu nehmen. Das Märchen verleiht dem Traum von der sozialen Gerechtigkeit und von dem wirklichen Erfolg der Tüchtigen Stimme. Hier die helle Stimme des tapferen Schneiderleins.

# Aschenputtel

**Quelle:** Die Urfassung geht auf die Erzählung einer Frau im Marburger Elisabeth-Hospital zurück. Von der Zweitauflage an wurde diese Erzählung, deren Niederschrift verschollen ist, mit zwei hessischen Fassungen kontaminiert, von denen eine wohl von Dorothea Viehmann stammt. Daneben gingen Anregungen aus von Perraults *Cendrillon* und von der böhmischen Sage *Laskopal und Milivka* (1808).

**Erstdruck:** KHM I, 1812/1819

Das Märchen nimmt seinen Ausgang vom Tod der Mutter, eine realistische, im Märchen immer wiederkehrende Erfahrung in Zeiten hoher Frauensterblichkeit aufgrund der unkontrollierbaren Risiken bei der Geburt und der unverhältnismäßig hohen Arbeitsbelastung gerade der Frauen. Der Märchenerzähler schildert das Unabänderliche ohne Rührseligkeit und ohne zu hadern. Was nicht zu ändern ist, gilt es hinzunehmen. Wichtiger als sinnloses Klagen ist der Blick in die Zukunft.

In diesem Sinne legt die sterbende Mutter ihrer Tochter nahe, stets fromm und gut zu sein, und versichert sie ihres mütterlichen Schutzes über das Grab hinaus. Gut und fromm zu sein heißt im Märchen dem anderen nicht zu schaden, seinem Glück nicht im Weg zu stehen, wie man umgekehrt erwartet, daß auch die anderen das eigene Glück nicht selbstsüchtig verhindern. Das Versprechen der Mutter ist ein zukunftsgewisser Hinweis auf den Erfolg einer moralischen Lebensführung in Achtung vor den Mitmenschen. Erzählerisch bedeutet es eine durch die Märchenhandlung zu erfüllende Erwartung.

Im Frühjahr, mit dem Anbruch neuen Lebens in der Natur, heiratet der Vater wieder. Mit der Stiefmutter und ihren beiden Töchtern entwickelt sich der die Kernhandlung auslösende Konflikt. Wie auch in vielen anderen Märchen führt die Frau das Regiment im Haus, während der Vater eigentümlich blaß bleibt und auch dann nicht eingreift, wenn seinem eigenen Kind bitteres Unrecht zugefügt wird. Später bezeichnet er seine Tochter sogar in völliger Mißachtung als „verbüttet", also stumpfsinnig, und wird damit im elementaren Sinn schuldig. Klar geschieden sind die einzelnen Arbeitsbereiche, so daß die zweite Frau des Vaters ihre eigenen Töchter ungestraft über Aschenputtel stellen kann, an dessen Leben sie keinen Anteil hat und für das sie sich daher auch nicht verantwortlich glaubt.

Mit der Favorisierung der eigenen Nachkommenschaft und der durch sie bedingten Herabsetzung der Stieftochter setzt sie sich zusammen mit ihren Töchtern in Widerspruch zu den vorangestellten moralischen Leitwerten, die ja nicht nur für den Märchenhelden gelten, sondern allgemein. Ist ihr doch als mütterlicher Frau im Haus die Verantwortung für alle dort lebenden Kinder aufgetragen. Die Deklassierung des mutterlosen Kindes kennt keine Grenzen. In greller Steigerung häuft das Märchen die Schikanen, um auch nicht den geringsten Zweifel aufkommen zu lassen an der Rücksichtslosigkeit und Selbstüberhebung der anderen und zugleich an der Ergebung Aschenputtels in seine Lage. Der Leser aber weiß schon hier, daß sich das Blatt im Rückblick auf die eingangs aufgespannte Erwartung wenden muß, aus der auch Aschenputtel die Kraft zieht, das Unverdiente zu ertragen. Weniger trostlos ergeben in sein Schicksal als im Vertrauen auf das von der Mutter Versprochene, bleibt es selbst noch in seiner tiefsten Erniedrigung die einzig positive Gestalt, die eine Zukunft hat.

Offene Abwertung der scheinbar Überlegenen und heimliche Aufwertung der scheinbar Unterlegenen prägen den Rhythmus des Erzählens. Zur Selbstüberhebung und Grausamkeit der Stiefschwestern treten ihre Hoffart und ihre Eitelkeit, während Aschenputtel auch hier die moralische Siegerin bleibt, indem es sich von dem zur Messe reisenden Vater nicht etwa auch schöne Kleider, Perlen und Edelsteine wünscht, sondern nur ein bescheidenes Reis. Putz- und Herrschsucht fügen sich zum Bild des selbstsüchtigen Menschen, der für das Märchen stets auf der Seite des Unrechts steht und den die poetische Gerechtigkeit letztlich zur Rechenschaft ziehen wird.

Der Märchenerzähler entwirft keine gemischten Charaktere. Holzschnittartig stellt er die Faulen den Fleißigen, die Arroganten den Bescheidenen und die Habgierigen den Genügsamen gegenüber und weckt dabei die Zuversicht, daß Faulheit, Arroganz und Habgier ihre gerechte Bestrafung finden werden, während Fleiß, Bescheidenheit und Genügsamkeit letztlich belohnt werden. Soziales und solidarisches Verhalten bilden den sittlichen Maßstab des Märchens, nicht aus entsagungsvoller Haltung, sondern im Vertrauen darauf, daß nur auf diesem Weg das Ziel dauerhaften Glücks erreichbar ist. Eine optmistische Einstellung zweifellos, aber gerade deswegen auch Halt und Trost in der oft trostlosen Lebenslage der Deklassierten und Erniedrigten.

Für Aschenputtel zählen nicht die toten Dinge, Kleider und Edelsteine, die man nur für sich selbst begehrt, sondern das lebendige Haselreis, das es auf das Grab seiner Mutter pflanzt. Deutlich weisen die gewünschten Dinge auf den Charakter der Wünschenden selbst zurück und lassen diese in hellem Licht erscheinen. Aschenputtel bewahrt das Gedenken an seine Mutter. Seine Tränen, mit denen es das Reis begießt, sind Zeichen aufrichtiger Zuneigung über den Tod hinaus und lassen einen schönen Baum heranwachsen. In ihm bildet sich der Glaube an das Leben ab, an den Triumph lebendiger Entwicklung und Entfaltung über alles Abgestorbene und Erniedrigte. Der aus dem Grab aufwachsende Baum ist Sinnbild der Überwindung des Todes wie jeder Abtötung der persönlichen Würde des Menschen.

Für das Märchen gibt es keinen Stillstand, keine Erstarrung und kein Verharren in der Krise. Stets öffnen sich Wege, den Menschen herauszuführen aus allen Abgründen und Tiefen seiner Existenz. Das weiße Vöglein, als Seelenvogel verstanden, erfüllt die Wünsche des Mädchens. Zwischen den Verstorbenen und den Lebenden sind die Verbindungen nicht abgerissen. Weiterhin nehmen die Toten Anteil am Leben, sofern sie im Bewußtsein ihrer Angehörigen lebendig geblieben sind. Reichte die ägyptische Himmelsgöttin den Toten aus einem Baum Speise und Trank, so ist es hier die Tote, die die Lebende beschenkt, weil das Dasein im Märchen Leben und Sterben selbstverständlich umfaßt. Gut und fromm zu sein bedeutet also auch, die Liebe zu den engsten Verstorbenen zu bewahren. Damit hat Aschenputtel seine sittliche Bewährungsprobe bestanden und ist nun reif für das verdiente Glück.

Konsequent setzt hier die eigentliche Glückshandlung des Märchens ein, die Brautschau des Königssohns im Rahmen eines königlichen Festes. Aschenputtel, im Vertrauen auf das, was ihm die sterbende Mutter versprochen hatte, ist entschlossen, seine Chancen wahrzunehmen, und stößt dabei, wie zu erwarten, auf die Konkurrenz seiner Stiefschwestern, die auch diesmal sein Glück zu vereiteln suchen. Allerdings hat sich die Situation geändert, da die Entscheidung über das persönliche Glück nicht länger im Elternhaus, in dem die mißgünstige Stiefmutter herrscht, sondern außerhalb im Königspalast getroffen werden soll, wo sie einflußlos ist. Daher ist es nur konsequent, wenn die Stiefmutter Aschenputtel mit allen Mitteln an das Haus zu binden sucht, indem sie es vor unlösbare Aufgaben stellt.

Zweimal schüttet sie Linsen in die Asche und verspricht der Stieftochter, zum Fest gehen zu dürfen, falls es ihr gelänge, die Linsen wieder auszulesen. Die auferlegte Bewährungsprobe zeugt ebenso von Selbstherrlichkeit wie von Menschenverachtung. Schlimmer ist noch, daß die Stiefmutter zweimal ihr Versprechen bricht und so den Vergleich mit der verstorbenen Mutter herausfordert, die der Tochter ja Gottes und des eigenen Beistands versichert hatte, wenn sie gut und fromm bliebe. Gerade dies Versprechen erfüllt sich in der Notsituation.

Tauben helfen der Schikanierten, die an und für sich unlösbare Aufgabe zu lösen. Im Hohenlied erscheint die Braut im Bild der Taube, wie die Taube überhaupt auch in antiker Symbolik oft der Vogel der Liebe und der Fruchtbarkeit ist. So verstanden, verweisen die Hilfe der Tauben und der Umstand, daß sie als Paar auftauchen, bereits hier auf das Auserwähltsein der rechten Braut. Die Farbe Weiß verbindet die hilfreichen Tiere überdies mit dem weißen Seelenvogel auf dem Wunschbaum und verdeutlicht, woher die Hilfe kommt. Die richtige Mutter löst ihr Versprechen ein und steht ihrem Kind bei, die falsche Mutter aber ist wortbrüchig und legt dem Kind, das ihrem Schutz anbefohlen wurde, Schwierigkeiten in den Weg.

Die scheinbare Überlegenheit der Übelwollenden wird im Märchen jedoch durch die höhere Gerechtigkeit regelmäßig durchkreuzt, die das Glück der Guten will und über die Schlechten am Ende den Stab bricht. Der Wunschbaum versorgt in einer dreifach gestaffelten Handlung Aschenputtel mit den schönsten Kleidern und Schuhen, wobei die Kleider immer prächtiger ausfallen und aus den silbernen schließlich goldene Schuhe werden. Die treue Mutter trägt den Sieg davon über die wortbrüchige Stiefmutter und das unterdrückte Mädchen über seine scheinbar überlegenen Stiefschwestern. Grenzenlos ist das Vertrauen Aschenputtels in den mütterlichen Schutz und Beistand, wie denn überhaupt die Verstorbene als die gütige Mutter Erde erscheint, aus der der wahre Reichtum wächst für alle, die ihr die Treue halten und an ihre unerschöpflichen Wachstumskräfte glauben. In diesem Sinn gewinnt das Pflanzen des Haselreises vertiefte Bedeutung.

In dreifacher Aufgipfelung erfüllt sich der Triumph des bescheidenen, armen Mädchens über seine hoffärtigen und selbstsüchtigen Rivalinnen. Spontan fällt die Wahl des Königssohnes bereits beim erstenmal auf die schöne Unbekannte, aber es gelingt ihm nicht, sie festzuhalten. Zu verfolgen vermag er ihren Weg nur bis zum Taubenhaus, erneuter Hinweis auf das bräutliche Auserwähltsein Aschenputtels. Später legt es die schönen Kleider wieder am Grab nieder, die wie alles Schöne dem Menschen nur geliehen sind und auf die der Bescheidene keinen Besitzanspruch erhebt, wie denn jedes egoistische Besitzdenken, dem Märchenhelden fremd, eher dazu angetan ist, seine Gegenspieler ins Unrecht zu setzen.

Auch beim zweitenmal entwischt Aschenputtel dem Prinzen, diesmal in einen Birnbaum, „an dem die herrlichsten Birnen hingen". Nach altem Volksglauben ist die Birne im Unterschied zum Apfel weiblich bestimmt, und der früchtetragende Baum verheißt den heiratsfähigen Töchtern des Hofs die baldige Hochzeit. Dem Prinzen als künftigem Bräutigam ist es auferlegt, durch wiederholte Freierproben, die im Nachspüren des schönen Mädchens bestehen, seine aufrichtige Liebe zu Aschenputtel zu bekunden. Erst beim drittenmal gelingt es ihm durch eine List, seine Tänzerin zu identifizieren. Auf der mit Pech bestrichenen Treppe bleibt der linke goldene Schuh zurück, mit dessen Hilfe ihm der Weg zu seiner auserwählten Braut gewiesen wird. Links bedeutet in Anspielung auf die Herzseite das Emotionale und unterstreicht auch Aschenputtels ehrliches Gefühl für den Prinzen. Sinnbildlich läßt es ihm gleichsam sein Herz zurück. Ihm weist der Schuh die Spur zur Erfüllung der Liebe.

Doch zuvor versuchen die beiden Stiefschwestern, sich durch Lug und Betrug den Platz der Braut zu erschleichen. Um in den zu kleinen Schuh hineinzupassen, hacken sich beide ein Stück von ihren Füßen ab und zerstören so mutwillig ihre natürliche Ganzheit. In der selbst beigebrachten Verstümmelung spiegelt sich der selbstverschuldete Verlust menschlicher Identität. Beide fallen aus Egoismus und Habgier aus der Ordnung der Natur und der menschlichen Gesellschaft heraus und werden durch das weiße Taubenpaar, das jetzt auf dem Haselnußbaum sitzt, entlarvt.

Seelenvogel und Brautvogel zugleich, verweist die Taube auf Erlösung und Erfüllung, auf die Erhebung des Menschen aus der Tiefe seines Unglücks zum höchsten Gipfel des Glücks. Wie die Liebe von Gott und Mensch dem Menschen ein ewiges Leben schenkt, so läßt die Liebe von Mann und Frau den Menschen aus tiefster Erniedrigung auferstehen. Im Lebensoptimismus des Märchens führt die Liebe regelmäßig zum Sieg über Selbstsucht, Unterdrückung und Falschheit.

Der Schuh als untrügliches Identitätszeichen weist mit schicksalhafter Notwendigkeit den Weg zur rechten Braut. Nur Aschenputtel paßt der goldene Schuh wie angegossen. Die Anpassungsprobe und der Umstand, daß nur ein Fuß in den bestimmten Schuh paßt, mag auf den Leser befremdlich wirken, zumal die gleiche Größe vielmals vorkommt. Für das Märchen aber gibt es nur einmal die Richtige. Der geliebte Mensch ist einzigartig. Der Schuh selbst stellt ein altes Fruchtbarkeitssymbol dar, das noch lange in diesem Sinn, beispielsweise am Nikolaustag, verstanden worden ist, wo der vor die Tür gestellte Schuh oder Stiefel mit Leckereien zu füllen war. Zwischen Brautleuten nimmt die Schuhprobe eine erotische Qualität an, indem der Schuh sinnbildlich auf den weiblichen Schoß Bezug nimmt, während das Einpassen auf den männlichen Zeugungsakt anspielt. Aschenputtel und der Prinz sind füreinander bestimmt. Die Schuhprobe kommt einer Verlobung gleich.

Die Tauben werden zu Brautzeugen, als der Prinz die rechte Braut heimholt. Noch einmal führt der Weg am Haselnußbaum auf dem Grab der Mutter vorbei. Ihr Versprechen hat sich erfüllt und das gute und fromme Wesen sich ausgezahlt. Das Grab mit dem Wunschbaum, gewachsen aus dem von Aschenputtel gepflanzten Reis und seiner Liebe zu der Verstorbenen, hat seine Parallele zur Asche, in die man das mutterlose Mädchen gedrückt hatte und aus der es sich wie der

Baum aus dem Grab lebendig und schön erhoben hat. Aus der Asche erhebt sich der Phönix als Sinnbild des sich durch den Tod erneuernden Lebens. Im Märchen ist es vor allem die Liebe, die das Leben erneuert und wieder lebenswert macht. Nach altem chinesischem Brauch schmückte man das Brautkleid mit Phönixbildern.

In Aschenputtel konzentriert sich die Hoffnung der Unterdrückten und Armen wie des kreatürlichen Menschen überhaupt, daß es keinen Schlußstrich, kein endgültiges Ende gibt, daß jedes Ende der Anfang zu neuer Entfaltung ist, alles Unglück sich zum Glück wendet. Vielleicht liegt die ungewöhnliche Verbreitung dieses Märchens und seiner zahllosen Varianten gerade in dieser Hoffnung begründet. Gut paßt dazu die Erzählsituation im Elisabeth-Hospital, wo das Märchen nach der mündlichen Erzählung einer alten Frau ursprünglich niedergeschrieben wurde. Das Märchen vom Weiterleben der Mutter, vom Grab, aus dem der Wunschbaum wächst, und von der Erniedrigten, die erhöht wird, formt sich zur Trostgebärde im kärglichen, vergänglichen Menschenleben.

Aber nur für die Guten und Frommen, denen Selbstsucht und Herrschsucht fremd sind, erfüllt sich am Ende die Hoffnung. Diejenigen aber, die nur ihren eigenen Vorteil befördern und andere niederdrücken, auf Kosten des Mitmenschen ihr Glück machen wollen, trifft unerbittlich die verdiente Strafe, die im Märchen oft grausam erscheint, im Grunde aber jeweils symbolisch zu verstehen ist. Die lebenslange Blindheit der Stiefschwestern, zugefügt von den Tauben, den beiden Brautvögeln, die jenen die Augen herauspikken, läßt zum Schluß noch einmal die Verblendung derer erkennen, die sich allein dem rücksichtslosesten Egoismus verschreiben, um erfolgreich zu sein, während für den, dessen Blick nicht durch Ichsucht verstellt und verengt ist, das wahre Glück immer nur ein Glück mit dem andern und in der Gemeinschaft sein kann. Das mit dem Königssohn tanzende Aschenputtel steht im Mittelpunkt des Festes und der Gesellschaft, die Stiefschwestern aber stehen im selbstverschuldeten Abseits. Mit Blindheit geschlagen sind die, die sich nur selbst lieben, sehend aber sind, die ihr Herz offenhalten für ihre Angehörigen auch über den Tod hinaus und ihr Herz öffnen für den geliebten Menschen. Nur vor ihren Augen nimmt die Zukunft sichtbare Gestalt an.

# Frau Holle

**Quelle:** Der Erstdruck folgte der mündlichen Erzählung Dortchen Wilds. Später wurde die Geschichte mit einzelnen kleineren Motiven aus anderen Quellen kontaminiert.

**Erstdruck:** KHM I, 1812

Das Märchen besticht durch seinen klaren Aufbau. Abwechselnd zwischen einer oberen und einer unteren Welt, zwischen der Wirklichkeit oberhalb und einer tieferen Wirklichkeit unterhalb des Brunnens spielen die einzelnen Szenen. Auf die Exposition, die die Mutter, ihre leibliche Tochter und ihre Stieftochter vorstellt und den handlungsauslösenden Konflikt beschreibt, folgen im Zweierrhythmus, verteilt jeweils auf eine der Töchter, eine Szene in der oberen und eine Szene in der unteren Welt.

Die beiden abschließenden Szenen markieren im Vergleich mit den beiden vorausgehenden einen auffälligen Abstieg, zumindest was die Glücksentwicklung betrifft. Im Sinn der eigentlichen Märchenaussage bilden sie aber dennoch, dies hat die Deutung zu zeigen, ein Happy-End, weil erst durch sie die Welt wieder in Ordnung kommt. Beide Szenenfolgen nach der Exposition sind streng parallel geführt bei allerdings gegenläufiger Handlungserfüllung.

Nur vier Personen treten auf, ausschließlich Frauen, genauer zwei Frauen und zwei Mädchen. Auch die Gruppierung ist von der Zweizahl geprägt. Wie zwischen den beiden Szenenfolgen besteht zwischen den Personen eine deutliche Opposition. Die Mutter und Frau Holle auf der einen und die Goldmarie und die Pechmarie auf der anderen Seite bilden Gegensatzpaare. Die Gegensätze selbst bleiben unversöhnt nebeneinander bestehen, allerdings dominiert am Ende nach der durch die Märchenhandlung vollzogenen Korrektur die Ordnung über die Unordnung, das Richtige über das offenbar Falsche. Einen Kompromiß zwischen den beiden Seiten kann es für den ethischen Dualismus des Märchens nicht geben. Die Zweierstruktur formt auch den Wertbereich.

Die starre Gegenüberstellung der schönen Fleißigen und der häßlichen Faulen darf nicht als eine prinzipielle Verneinung individueller Entwicklungsmöglichkeiten mißverstanden werden. Vielmehr handelt es sich um eine typische Fallkonstruktion, an der Grundsätzliches demonstriert werden soll. Nicht selten zeigen Märchen einen didaktischen Zuschnitt. Wer fleißig ist, also sich aktiv einsetzt in seiner Gemeinschaft, ist auch schön, häßlich aber ist der, der nur nimmt, ohne zu geben, der die Hände in den Schoß legt und andere für sich arbeiten läßt. Der Schönheitsbegriff des Märchens ist nicht ästhetisch, sondern ethisch bestimmt. Zwischen Gemeinschaftsgefühl und übersteigertem Selbstwertgefühl sind die Wertungspole des Märchens gespannt.

Unmittelbar handlungsauslösend ist aber nun nicht dieser Gegensatz, sondern die falsche Einschätzung und Bewertung durch die Mutter. Wenn bei ihr die leibliche Tochter, die Häßliche und Faule, höher im Rang steht als die Stieftochter, die Schöne und Fleißige, so ist das ein ganz unerträglicher Zustand, der nach Auflösung und Revision verlangt. Wahre Verdienste und ehrliche Leistungen sind zu achten und müssen sich lohnen. Arbeitsscheu und mangelnder Einsatz aber verdienen eine klare Aburteilung. Der zentrale Konflikt, den das Märchen gleich eingangs unmißverständlich formuliert, bildet eine verbreitete Erfahrung innerhalb der menschlichen Gesellschaft ab, in der Leistung keineswegs immer anerkannt wird und nicht selten der Schlechtere den Vorzug erhält vor dem Besseren. Der ethische Rigorismus des Märchens jedoch läßt solche Perversion nicht zu und revidiert erzählend, was so nicht sein darf.

Zugespitzt wird der Konflikt noch durch die grausame Ausbeutung der Fleißigen und die allgemeine Lieblosigkeit, mit der man ihr begegnet. Aber gerade die Aufgipfelung des Unrechts leitet die Wiederherstellung des Rechts und damit die Lösung des Konflikts ein, da das Märchen keine wirklich ausweglosen Situationen anerkennt.

Der Verzweiflungssprung in den Brunnen führt das schöne und fleißige Mädchen in das Reich der Frau Holle. Häufig spielen Brunnen im Märchen eine wichtige Rolle. Aus dem Hollenbrunnen, mit Frau Holle in besonderer Weise verbunden, soll der Storch die Kinder holen. Überhaupt gilt der Brunnen als die fons vitae, als die ursprüngliche Lebenskraft schlechthin. Eintauchend in ihn, gelangt der Mensch zum Grund seines Daseins, dorthin, wo die unverstellte Wahrheit des Lebens gilt. Im Märchen von der Frau Holle erweckt der Brunnen Erinnerungen an den germanischen Urdbrunnen, an dessen Fuß drei schicksalbestimmende Nornen leben, die der Quelle jeden Tag Wasser entnehmen, um die Weltesche am Leben zu erhalten.

In der Tat findet sich das Mädchen in einer blühenden Welt wieder, mit „einer schönen Wiese, wo die Sonne schien und vieltausend Blumen standen". Eine Idylle, dem locus amoenus vergleichbar, breitet sich aus, eine ursprüngliche Paradieslandschaft, in der die Welt oben zu wurzeln scheint. Es ist ein lieblicher Ort der Fülle und des überreichen Wachstums, in dem weder Not noch Mangel herrschen. Der Backofen, gefüllt mit fertig gebackenen Broten, erinnert in naiv rustikaler Umsetzung an das gelobte Land des Alten Testaments, darinnen Milch und Honig fließen. Voll hängt auch der Apfelbaum. Seine Früchte stehen für das fruchtbare Leben, wie das Brot als Lebensspeise schlechthin gilt.

Auffällig ist die wiederholte Betonung der Fülle. Beim Schütteln des Baumes fallen die Äpfel, „als regneten sie", ein besonders glücklich gewähltes Bild, da der Regen von altersher als Lebensspender angesehen worden ist. Das Mädchen geht durch dieses Land, nicht ängstlich oder fremd, sondern vertrauend und vertraut zugleich, stets das Richtige im Einklang mit den Dingen tuend. Erst beim Anblick der Frau Holle mit ihren großen Zähnen wird ihm angst, aber auch nur vorübergehend, zumal die Frau ihm gut zuredet und es freundlich aufnimmt in ihr Haus.

Frau Holle selbst ist eine mythologische Gestalt in gewisser Nähe zur bekannteren Bercht, die ebenfalls Spinnerinnen prüft, und der Abundia, deren Name auf Überfluß (lat. abundantia) verweist, den sie unter bestimmten Bedingungen spendet. Eine erste Erwähnung findet sich bei Burchard von Worms (um 965–1025), der in einer Übersetzung die altitalische Waldgottheit Diana, eine Fruchtbarkeitsgöttin und Schutzherrin bei der Geburt von Tieren und Menschen, mit „Hulda" wiedergibt. Im Althochdeutschen bezeichnet holda einen guten Geist (Ggs. Unhold).

Frau Holle ist verbunden mit den elementaren, im Brunnen repräsentierten Lebenskräften, mit Wachstum und Fülle und mit einem überreichen Nahrungsangebot. In ihrem Haus gibt es „alle Tage Gesottenes und Gebratenes". Ihre große Zähne sind sichtbare Zeichen ihrer urtümlichen Gesundheit und großen Lebenskraft. Eng verknüpft mit dem Ursprung und der Entfaltung des Lebens, verfügt sie über untrügliche Maßstäbe, mit denen sie das Schöne vom Häßlichen, die rechte von der falschen Lebensführung zu scheiden imstande ist. Die Spinnerinnen sind ihr besonders nahe, weil Spinnen nach alter Überlieferung für die bildende und formende Naturkraft steht. Das Mädchen ist dort eingekehrt, wo der Daseinsgrund unverstellt offenbar, wo das Schöne schön und das Häßliche häßlich ist, wo die Lebensnormen frei von subjektiver Entstellung noch objektiv gelten. Nur hier kann das Leben in aller Fülle gedeihen.

Das Schneien als Folge des Bettenaufschüttelns geht vordergründig zurück auf den Vergleich der Schneeflocken mit den Flaumfedern, in einem tieferen Sinn indes bildet sich hier ein Glückszeichen ab. So glaubte man in Schlesien, daß Schneien Glück bedeute. Der Segen, der von oben kommt, ist ein Geschenk der Natur, die ihren Reichtum über die Erde und über die Menschen ausgießt. Der herabfallende Schnee weckt Assoziationen einmal mit dem Wasser des Brunnens wie mit den herniederregnenden Äpfeln. Er wird zum Sinnbild des Lebenssegens schlechthin. Voraussetzung aber für solchen Segen ist das fleißige Aufschütteln der Betten, einer Handlung am Tages- und Arbeitsbeginn. Die Bedingung des Glücks ist der Fleiß. Das Mädchen besorgt alles nach Frau Holles Zufriedenheit „und schüttelte ihr das Bett immer gewaltig, auf daß die Federn wie Schneeflocken umherflogen ..." Der fleißige Mensch schafft die Voraussetzung für das Glück aller. Sein unermüdlicher Einsatz bedeutet Segen für die Gemeinschaft.

Ihren Gemeinsinn zeigt die Fleißige nicht zuletzt dadurch, daß es sie zurückverlangt zu den Ihrigen, nachdem sie ihres bisher verkannten, wahren Wesens im Spiegel der gütigen Behandlung durch Frau Holle innegeworden ist. Der Bereich unterhalb des Brunnens ist Ort der Selbst- und Wesenserkenntnis für die, die reinen Wesens sind, wo die Entstellungen und Ungerechtigkeiten in der oberen Welt korrigiert werden, und der sich bewährt, der sich seinen Sinn für die Natur und die Gemeinschaft, für die er aktiv eintritt, bewahrt hat.

Durch ein großes Tor, von Frau Holle geführt, kehrt das Mädchen in seine Welt zurück, die nun nicht länger sein tadelloses Wesen bestreiten kann. Nach dem Sturz durch den engen Brunnen kommt sein Wiedereintritt in die Welt einem Triumphzug gleich. Auf der Torschwelle geht ein gewaltiger Goldregen auf die Fleißige nieder und läßt sie, für alle sichtbar, im strahlenden Glanz der Schönheit erscheinen. Ein drittesmal regnet es nach den Äpfeln und den Federn herab, und immer ist der Mensch selbst der Auslöser des Segens. War es in den beiden ersten Episoden das Handeln im Dienst der anderen, so ist es nun ein Vorgang, der sich auf die Dienende selbst richtet und sie belohnt und auszeichnet für ihr Dienen.

Das Gold ist sowohl ethisches Gütezeichen als auch materieller Reichtum. Nur der Fleißige ist schön und verdient am Ende seiner erfolgreichen Bewährungszeit, auch reich zu sein. Im Glanz seines inneren und äußeren Reichtums kehrt das Mädchen heim. Hier könnte das Märchen schließen, da die Märchenheldin nach der ungerechten Behandlung und Beurteilung, von höchster Stelle glänzend rehabilitiert, ihr weithin sichtbares Glück gemacht hat. Doch die Moral des Märchens verlangt nicht nur die Belohnung der Guten, sondern auch die Bestrafung der Schlechten. Überhaupt steht hier nicht der Märchenheld im Vordergrund. Zentral ist vielmehr der Sieg der richtigen Moral selbst, für die die beiden Mädchen nur Beispiel und Gegenbeispiel sind.

Stiefmutter und Stiefschwester nehmen die Heimgekehrte gut auf, „weil sie so mit Gold bedeckt ankam". Die in ihrem Urteil und in ihrem Verhalten verkehrten Menschen sind auch jetzt nicht in der Lage, den inneren Wert der Goldmarie zu würdigen. Vordergründig sehen sie nur den äußeren Reichtum, da ihnen die Identität von Sein und Schein, von Ethischem und Ästhetischem, von Tüchtigkeit und Reichtum nicht aufgegangen ist, so daß sie weiter im Irrtum über sich selbst und in der Ignoranz dem anderen gegenüber leben. Die glänzende Auszeichnung der Heimgekehrten ist der Stiefmutter nicht Anlaß, in sich zu gehen und die leibliche Tochter mit anderen Augen zu sehen, sondern löst nur den Wunsch aus, für diese ebenfalls Gold und Reichtum zu erwerben.

Bis ins einzelne muß die leibliche Tochter das Verhalten der Stiefschwester nachahmen, um zu Frau Holle zu gelangen, was ihr in der Tat gelingt. Doch was bei der Goldmarie wirklich und echt und aus der Not entsprungen war, ist hier Inszenierung mit eindeutiger Absicht. Die andere spielt die Stationen nur mechanisch nach ohne Zugang zu den inneren Beweggründen. Sowohl in der Begegnung mit dem Backofen als auch mit dem Apfelbaum macht sie daher entscheidende Fehler, indem sie ausschließlich an sich selbst denkt und sich nicht einbringt, und begeht dabei, da sie Brot und Äpfel verkommen läßt, schwere Nahrungsfrevel. Trotzdem erhält sie eine letzte Chance. Aber auch im Haus der Frau Holle erweist sie sich als uneinsichtig und wird schließlich entlassen.

Kein individuelles Sckicksal wird hier vorgeführt, sondern ein allgemeines Fall- und Demonstrationsbeispiel für die Faulheit und den mangelnden sozialen Einsatz. Daher kann es auch keine Einsicht und keinen persönlichen Wandel geben. Grotesk mutet es an, wenn die Faule zufrieden auf die Kündigung reagiert, denn nun, so meint sie, „würde der Goldregen kommen". Wie der Zusammenhang von Wesen und Erscheinung, so ist ihr auch die Beziehung von Leistung und gerechtem Lohn fremd. Was sich am Schluß über sie ergießt, ist kein Gold, sondern Pech, kein Segen, sondern ein Fluch, ein Makel, der der Faulen ihr Lebtag lang anhaftet.

Frau Holle am Grund der Lebensquelle ist die unerbittliche Richterin über richtiges und falsches Verhalten, das Prinzip des rechten Seins und des rechten Handelns. Ihr Gericht über die Goldmarie und die Pechmarie richtet indirekt auch über die Mutter und ihr falsches Urteil. Dabei ist es nicht wichtig, daß diese selbst und ihre leibliche Tochter zur Einsicht kommen, da beide ja ohnehin nur exemplarische Verkörperungen des Negativen sind. Entscheidend ist vielmehr, daß der Hörer bzw. Leser an ihnen anschaulich das Falsche erkennt und die Handlung des Märchens als Wiederherstellung der Ordnung begreift, als Rehabilitierung von Schönheit und Fleiß und als Verurteilung von Häßlichkeit und Faulheit. Erst wenn beides demonstriert ist, verwirklicht sich das Happy-End des Märchens. *Frau Holle* ist ein Lehrmärchen, daher auch seine markante Strukturierung, das objektive Einsichten in sozial allgemeingültige Verhaltensweisen vermittelt und dabei subjektives Fehlverhalten widerlegt und abwertet. Die Goldmarie und die Pechmarie sind orientierende figurale Zeichen der Sympathie und der Antipathie, des werbenden Zuspruchs und der Abschreckung.

# Rotkäppchen

**Quelle:** die erste, hier zugrunde liegende Version geht zurück auf Jeanette Hassenpflug. Anregend hat darüber hinaus Ludwig Tiecks Märchendrama *Leben und Tod des kleinen Rotkäppchens* (1800) gewirkt.

**Erstdruck:** KHM I, 1812

Wie *Der Wolf und die sieben jungen Geißlein* gehört auch *Rotkäppchen* zu den Warn- und Schreckmärchen. Hier wie dort verkörpert der Wolf die tödliche Gefahr. Bricht er im erstgenannten Märchen in den häuslichen Schutzraum ein, so tritt er hier zunächst in der Natur jenseits menschlicher Gesellschaft auf, bevor er sich Einlaß ins Haus der Großmutter verschafft. Die Grimms haben die französischen Versionen, vor allen Perraults *Le petit Chaperon rouge,* gekannt und sowohl die blutrünstigen, teilweise kannibalischen Züge getilgt als auch den Schluß verändert. Im Unterschied zu Perrault geht die Grimmsche Fassung gut aus, wobei man die Szene, in der dem Wolf Steine in den aufgeschnittenen Bauch gefüllt werden, aus dem Märchen von den Geißlein übernahm. Schon die Möglichkeit einer solchen Übertragung zeigt die Verwandtschaft der beiden Märchen, zumindest was ihre Intention angeht. Unterschiedlich sind allerdings die Ursachen, die die Katastrophe auslösen.

Rotkäppchen ist das verwöhnte Einzelkind, „eine kleine süße Dirne, die hatte jedermann lieb, der sie nur ansah, ..." Die ausnahmslose Zuneigung, am Anfang sachlich, ohne Wertung festgestellt, hat jedoch ihre Schattenseiten. Sie machen das Mädchen nicht nur eitel, sondern auch arglos. Erst aus dem falschen Verhalten der anderen, aus der Verhätschelung und Verzärtelung, entwickelt sich im folgenden die Krise. Eine Erziehung, die den Heranwachsenden nur auf Rosen bettet, scheint als Vorbereitung auf die realen Gefährdungen fragwürdig.

Das rote Käppchen, ein Geschenk der Großmutter, das das Mädchen immerfort tragen will, fördert schon früh seine Putzsucht. Rot, die wohl auffälligste Farbe, drückt die Liebe der anderen zu dem Mädchen aus, aber auch dessen Wunsch, geliebt zu werden, die Blicke der anderen auf sich zu ziehen. Der Samt, ein kostbarer Stoff, noch in der Wendung „in Samt und Seide gehen“ als solcher hervorgehoben, ist dazu angetan, das Selbstwertgefühl des Mädchens zu übersteigern, es in der Gewißheit zu wiegen, daß niemand seinen Wert und seine Vorzüge unterschätzen könne. In der Vorliebe für das rote Käppchen spiegelt sich die Faszination und Verführbarkeit durch alles Schöne, durch den Schein, in den sich der einzelne hüllt, im Glauben, er müsse so jedermann gefallen. Auffällig ist, daß sich die spontane Zuneigung zu dem Mädchen allein auf dessen Anblick gründet. Von inneren Vorzügen ist nicht die Rede.

Neben die zwecklose Schönheit stellt das Märchen die Pflichten des Alltags und baut auf diese Weise die Spannung auf, von der die Handlung bestimmt ist. Klar sind die Aufträge und Mahnungen der Mutter, sprachlich ausnahmslos in der Aufforderungs- und Befehlsform. Ziel ist die Fürsorge für die Großmutter, für den alten, kranken Menschen, dessen Pflege der jungen Generation auferlegt ist. Es gilt, auch die Tochter früh einzuführen in den Dienst am andern, in die soziale Verantwortung für die Älteren.

Großmutter, Mutter und Enkeltochter stehen in einer Generationenkette, die den Fortbestand des Lebens garantiert, in dem geboren und gesorgt wird, die Jungen und die Jüngsten sich um die Älteren kümmern. Nur wenn diese Verantwortung wahrgenommen und an die nächste Generation weitergegeben wird, hat das Leben eine Zukunft. Ausschließlich liegt dabei die Fürsorge in den Händen der Frauen. Wie im

Märchen von den Geißlein tritt auch hier der Vater gar nicht auf, da es zunächst ausschließlich um Fragen der Versorgung geht. Dabei nimmt die mittlere Generation als Bindeglied zwischen Alt und Jung naturgemäß die beherrschende Position ein.

Der Gang Rotkäppchens zur Großmutter, aufgetragen von der Mutter, bedeutet Einübung in das lebensnotwendige, fürsorgende Engagement der Jungen für die Alten. Nur der vorgezeichnete Weg führt ans Ziel. Jede Abweichung verstrickt den einzelnen in Gefahren, da er sich außerhalb des Bewährten und Gesicherten bewegt, und läßt ihn seine Pflicht vernachlässigen und vergessen. In der Welt jenseits des Dorfes lauern vielfältige Bedrohungen. Dorf und Wald stehen für Geborgenheit und Gefährdung, für Ordnung und Wildheit, von der chaotische Einflüsse ausgehen. Gerade deswegen ist der rechte Weg, die strikte Einhaltung des Erprobten und Normierten lebensnotwenig.

Rotkäppchen verspricht zwar, alles genau zu beachten und zu befolgen, aber sein bekundeter guter Wille entspringt nur dem förmlichen Gehorsam, da es sich Inhalt und Ausmaß realer Gefahren in Anbetracht ausschließlich positiver Erfahrungen mit seiner Umwelt gar nicht vorstellen kann und es auch niemand mit dem wirklich existierenden Bösen vertraut gemacht hat. Daher durchschaut das Mädchen das Böse auch dann nicht, als es unverdeckt in Erscheinung tritt. Noch weniger ist es in der Lage, dessen Verstellungen und Tarnungen sowie dessen finstere Absichten zu erkennen. Im Glauben, daß jeder ihm nur wohlgesonnen gegenübertreten könne, begegnet Rotkäppchen selbst dem Wolf mit offener, treuherziger Freundlichkeit, gibt ihm auf alle Fragen bereitwillig Auskunft und liefert ihm in aller Ahnungslosigkeit die Großmutter aus.

Die Szene mit dem Wolf offenbart die Schwächen einer verzärtelnden Erziehung, die vor dem Bösen die Augen verschließt. So ist es verräterisch, daß in den Ermahnungen der Mutter der Wolf gar nicht vorkommt. Ausschließlich enthalten sie Richtlinien für Wohlverhalten und Hinweise auf die gebotene Fürsorge. Wirkungsvolle Erziehung aber muß darüber hinaus auch das Böse und die von ihm ausgehenden Gefahren als Teil der Lebenswirklichkeit bewußtmachen, um den Selbstschutz des einzelnen zu fördern. Wo dies nicht geschieht, kommt es unweigerlich zu folgenschweren Krisen.

Der Wolf nutzt nicht nur die Ahnungslosigkeit des verhätschelten Mädchens, sondern auch seine Eitelkeit und seine Verführbarkeit durch alles Schöne. Die schönen Blumen und die lieblich singenden Vögel sind von unschuldigem Reiz, gefährlich werden sie aber immer dann, wenn der einzelne selbstvergessen in diese bunte, tönende Welt eintaucht und darüber sein Ziel und seine Aufgaben aus den Augen verliert. „Du gehst ja für dich hin, als wenn du zur Schule gingst, und ist so lustig haußen in dem Wald." Die Schule ist der Ort der Vermittlung nützlicher Einsichten und Orientierungen, aber auch der formalen Einübung jenseits wirklich erfahrener Praxis. Auf beides spielt der Wolf an. Rotkäppchen ist in der Tat gewillt, den nützlichen Lehren zu folgen, ohne allerdings die Wirklichkeit richtig einschätzen zu können. Vor allem ist es nicht in der Lage, moralischen Nutzen und ästhetischen Genuß, Pflicht und Neigung gegeneinander abzuwägen und zu vermitteln. Es läßt sich verführen von dem schönen Schein, der ihm plötzlich ins Auge fällt, und das Ziel, zu dem aufzubrechen ihm aufgetragen worden war, verdrängt.

„Rotkäppchen schlug die Augen auf, und als es sah, wie die Sonnenstrahlen durch die Bäume hin und her tanzten und alles voll schöner Blumen stand, dachte es : ‚Wenn ich der Großmutter einen frischen Strauß mitbringe, der wird ihr auch Freude machen; es ist so früh am Tag, daß ich doch zu rechter Zeit ankomme.' ..." Der Hinweis auf die mögliche Freude der alten Frau wie auf die Tageszeit klingen wie ein Alibi für den Schritt vom Wege, wie eine Beschwichtigung des schlechten Gewissens. Das, was wirklich kurz darauf geschieht, das Verschlingen der Großmutter durch den Wolf, widerlegt die schnell und bequem zurechtgelegte Rechtfertigung gründlich. Es war weder Zeit, länger zu zögern, noch bringt das Handeln Rotkäppchens der Großmutter Freude, vielmehr schafft es dem Wolf Gelegenheit, sich die alte Frau einzuverleiben. Vor der Wirklichkeit hält Rotkäppchens Scheinargumentation nicht stand, in Wahrheit geht es ihm nur um die Blumen. Als es keine Blumen mehr tragen kann, wie es ausdrücklich heißt, „fiel ihm die Großmutter wieder ein".

Schuldig aber ist weniger das Mädchen als die Erwachsenen, die es versäumt haben, den Genuß des Schönen um seiner selbst willen einzugrenzen und seiner Verführungskraft Riegel vorzuschieben. Nutzen, Pflichtgerechtigkeit und soziales Verhalten stehen für das Märchen allemal höher als bloßer Genuß, Neigung und persönliche Wunscherfüllung. Schönheit ist kein absoluter Wert, sondern muß in Einklang stehen mit dem moralischen Auftrag des Menschen. Der Schritt vom Wege ist ein Schritt in die Unordnung, bedingt durch ein übermächtiges, durch die Erziehung nicht kontrolliertes, sondern vielmehr noch gefördertes Gefühlsverhalten. Die kleinen Leute, für die das Märchen ein moralisches Orientierungsmuster in literarisch fiktiver Gestalt darstellt, können sich Schönheit als zweckloses Ideal nicht leisten. Ihr karges Leben verlangt nach klarer Abwägung von Nutzen und Neigung, von persönlichem Genuß und Gemeinschaftsgefühl. Geradezu lebensgefährlich ist es, so zu tun, als lebe man in einer heilen Welt ohne Gefahren und Bedrohungen. Das Märchen vom Rotkäppchen führt sowohl die naive Gutgläubigkeit als auch die Neigung zum zwecklos Schönen ad absurdum, indem es im kindlichen Verhalten Folgen einer Erziehung, die solche Einstellungen fördert, veranschaulicht.

Unausweichlich führt das falsche Verhalten in die Katastrophe, da nur in solcher Radikalisierung erkennbar gemacht werden kann, wie man auf keinen Fall handeln darf. Dabei ist die Katastrophe wie auch sonst im Märchen niemals ein schicksalhaftes Ereignis, sondern weist stets zurück auf den Menschen, der durch sein Versagen die schlimme Wendung ausgelöst hat. Im Positiven wie im Negativen sind der Märchenheld oder wie im vorliegenden Fall seine Erzieher verantwortlich für das eigene Tun und dessen Folgen. Zweifach bricht die Katastrophe herein und löscht zunächst die alte und die junge Generation aus. Schuld tragen die Großmutter und die Mutter, die alte und die mittlere Generation, weil sie vor ihrer Aufgabe, das junge Leben gegen das Böse zu wappnen und es entsprechend auszurüsten, versagt haben und so den Fortbestand des Lebens aufs Spiel setzen.

Im Unterschied zu den französischen Versionen ist der Grimmsche Märchenstil indes versöhnlich. Die schlimme Wendung wird zwar herbeigeführt, aber sie erscheint jeweils prinzipiell umkehrbar. Die märchenhafte Fiktion bei den Grimms simuliert keine endgültigen Wirklichkeiten, sondern verbleibt im Rahmen des Möglichen, eines nur vorgestellten und wieder aufhebbaren Geschehens. Daher vollzieht sich das Verschlingen ganz und gar unblutig, ohne die makabren Details der französischen Fassungen. Weder die Großmutter noch Rotkäppchen werden zerstückelt. Sie bleiben ganz, plausibel gemacht durch die Gier des Wolfes, und können daher dem Leben auch wieder zurückgegeben werden. Die Märchenfiktion nimmt mögliche Konflikte, Krisen und Katastrophen vorweg und läßt sie als grundsätzlich lösbar und vermeidbar erscheinen. Sie macht in der Fiktion gut, bevor es in der Wirklichkeit zum Schlimmsten kommt, was eine unzureichende Erziehung anrichten könnte. Zu schützen gilt es insbesondere das Kind, das wie Rotkäppchen zum Opfer von falschem Erziehungsverhalten wird.

Während bei Perrault das Märchen mit dem Verschlingen Rotkäppchens endet, der Wolf also dominiert, steht das Finale des Grimmschen Märchens im Zeichen des Jägers. Bereits in alten Volkserzählungen tritt der Jäger als Vertreter des Guten auf, der das Böse jagt. So jagt er das im Schwein verborgene Böse und erscheint in anderen Zusammenhängen sogar als Widersacher des Teufels. Auch im Märchen vom Rotkäppchen tritt er ausschließlich als positive Gestalt entgegen. In der Konfrontation von Jäger und Wolf spiegelt sich der Urkonflikt von Gut und Böse, von Chaos und Ordnung. Verkörpert sich im Wolf einmal mehr das Verschlingen, so steht der Jäger für die Bewahrung des Gestalteten und Geformten. Es gilt, den Wolf aus dem Haus, der Zone der Geborgenheit, in der er sich eingenistet hat, zu vertreiben. Im Unterschied zum Märchen von den sieben Geißlein, in dem die Mutter die Operation durchführt, ist es nun der Mann, der beherzt eingreift und die Katastrophe rückgängig macht.

Anders als dort sind hier die Rollen verteilt. Der Frau obliegt der Bereich der Versorgung und der Fürsorge, während der Mann vor allem die Schutzfunktion wahrnimmt. Bewahren und Behüten auf der einen und Gestalten und Erneuern auf der anderen Seite stehen sich in ihnen gegenüber. Grundsätzlich gleichwertig in ihrer unterschiedlichen, sich aber durchaus ergänzenden Rollenerfüllung, neigt die Frau eher als der Mann zur Unterschätzung konkreter Gefahren. Gebunden an das Haus, dies gilt sowohl für die Großmutter wie für die Mutter, ist sie weniger vertraut mit den Bedrohungen in der Außenwelt, in der sich der Mann bewegt. So dringt auch der Jäger von außen ein, um die im Kern bedrohte Geborgenheit wiederherzustellen. Um keine Rangordnung geht es hier, sondern um die Bedingtheiten des jeweils unterschiedlichen Lebensraums.

Mit der häuslichen Abgeschirmtheit hängen auch die Neigungen zum zwecklos Schönen und zu einer gewissen Eitelkeit zusammen, die ja beide nur in der Schutzzone des Hauses jenseits des Zwangs, auf konkrete Gefahren unmittelbar zu reagieren, gedeihen können. Zwar steht die Schuld der älteren Frauen außer Frage, aber sie wird durch die ihnen zugewiesene Bindung an das Haus verständlich. Der Jäger als Vertreter des männlichen Prinzips ist ihnen gegenüber von erhöhter Wachsamkeit geleitet. Ihm ist es aufgetragen, die lebensbedrohlichen Gefahren aufzuspüren und zunichte zu machen. Tröstlich ist dabei das märchenhafte Vertrauen auf die mögliche Wiedergutmachung der schlimmen Folgen, auf den Schutz, den das Leben nicht nur drinnen in der mütterlichen Geborgenheit findet, sondern auch draußen durch die väterliche Wachsamkeit. Zweifellos hat die im Märchen vertretene Rollenverteilung ihre Gültigkeit verloren. Geblieben aber ist die fundamentale Aufgabe, nun auf beide Geschlechter verteilt, das Leben zu bewahren und nach innen und außen zu schützen, Fürsorge für die Menschen zu leisten und Sorge für die Umwelt zu tragen. In diesem Sinn erinnert das Märchen gerade an die Verantwortung der mittleren Generation, der ja auch der Jäger angehört, für die Jungen und die Alten.

Beide, sowohl die Großmutter als auch Rotkäppchen, befreit der Jäger aus dem Bauch des Ungeheuers und gibt sie in der Wahrnehmung seines Schutzauftrags in einer Art Wiedergeburt dem Leben zurück. Jetzt erst, nach der Beseitigung der Gefahr, können alle den Kuchen und den Wein genießen, den die Mutter der Tochter mit auf den Weg gegeben hatte. Besorgen der Umwelt und Fürsorge für den andern greifen zum Schluß ineinander. Nur im gefahrfreien Raum kann der Mensch genießen und sich entfalten, aber um sich wirkungsvoll den Gefahren stellen zu können, bedarf es auch solcher, die sich ganz der Fürsorge und der Versorgung annehmen. Das Märchen vertraut auf eine funktionierende Arbeitsteilung. Wo sie gewährleistet ist, ist das Happy-End gesichert.

Zum Schluß hat Rotkäppchen seine Lektion gelernt. Selbst das rote Käppchen, nun Erkennungszeichen für den Jäger bei seiner Operation, scheint seine eitle Selbstgenügsamkeit verloren zu haben. In der Finsternis des Wolfsbauchs ist das Mädchen der dunklen Seiten des Lebens innegeworden und weiß fortan von deren Existenz, so daß es sich wappnen kann. Rotkäppchen ist es, das die Wackersteine eigenhändig herbeischafft. So versteht es nun auch das Verbot der Mutter, „vom Wege ab in den Wald“ zu laufen. Im Bewußtsein der schlimmen Erfahrung ist es am Ende in der Lage, das Verbot, in dem vom Wolf gar nicht die Rede war, zu konkretisieren und es für die Zukunft wirksam zu machen. Das Märchen erweist sich in dem Maße als realistisch, wie es das real existierende Böse als Anstoß begreift zu einem Leben in Umsicht und Übersicht. Die tatsächlich erlittene Angst läßt den Menschen reifen, sein Dasein zu bewältigen.

# Die Bremer Stadtmusikanten

**Quelle:** In dem seit der Zweitauflage vorliegenden Märchen sind zwei durch die Familie Haxthausen in Bökendorf bei Brakel vermittelte Fassungen kontaminiert worden.

**Erstdruck:** KHM I, 1819

Bei dem Märchen handelt es sich um eines der seltenen Stücke der Sammlung mit einer konkreten Ortsangabe. Ob man aber deswegen die Auffassung, das Märchen könne überall und nirgendwo spielen, seinen prinzipiell utopischen Charakter also, gleich in Zweifel ziehen muß, bleibt fragwürdig. Die gewählte Stadt scheint beliebig. Im Grunde könnte dort der Name jeder anderen Stadt stehen, ohne daß sich an der Aussage oder am Verlauf der Handlung etwas ändern würde.

Überdies kommen die Tiere niemals in Bremen an. „Sie konnten aber die Stadt Bremen in einem Tag nicht erreichen und kamen abends in einen Wald, ..." Dort verbleiben sie auch. Das Märchen verharrt an einem allgemeinen, nicht genau lokalisierbaren Ort. Bremen bleibt das Ziel der konkreten Wunscherfüllung, die das Märchen aber auch hier nicht leistet. Gespiegelt in dem nicht festlegbaren Raum, gestaltet das Märchen das Mögliche mit dem Wunschziel seiner Verwirklichung vor Augen. Die erfüllte Wirklichkeit ist für den Märchenerzähler weder etwas Erreichtes noch etwas durch die Fiktion Erreichbares. Sie bleibt ein Zustand, zu dem man unterwegs ist, auf einem Weg, der herausführt aus einer unerfüllten, bedrückenden Welt. Die Erfüllungen des Märchens sind realisierbare Utopien, realisierbar aber bestenfalls durch das durch die Fiktion inspirierte Handeln.

Das Märchen selbst zerfällt nach Art der Fabel in vier Teile: in Situation, Aktion, Reaktion und Konsequenz. Den Anfang bildet die Vorstellung des Personals, das ausschließlich aus Tieren besteht, wobei als bemerkenswert auffällt, daß keines der Tiere auf bestimmte menschliche Eigenschaften festgelegt wird. Sieht man einmal von ihrer Fähigkeit zu sprechen, ab, so verbleiben sie ganz innerhalb ihrer natürlichen Verhaltensweisen. Die Situation von Esel, Hund und Katze ist vergleichbar. Alle haben sie die besten Jahre ihres Lebens hinter sich und sollen beseitigt werden, weil sie nutzlos geworden sind.

Der Esel, lange Zeit das Lasttier schlechthin, wird nach langen Jahren treuer Dienste immer untauglicher zur Arbeit. Grund genug, ihn „aus dem Futter zu schaffen“, wie es beschönigend heißt. Der Hund, zu alt für die Jagd, entkommt mit knapper Not dem Totschlag durch seinen Herrn, und die Katze, mit stumpfen Zähnen unfähig, länger Mäuse zu fangen, soll ersäuft werden. Sie alle haben treu gedient und müssen trotzdem ein schimpfliches Ende erwarten.

Der Haushahn scheint im Vergleich mit Esel, Hund und Katze zwar noch bei vollen Kräften, aber auch er soll daran glauben, weil Gäste zu bewirten sind, obwohl er gutes Wetter prophezeit hat. Auch er soll also das Opfer rücksichtsloser Ausbeutung und Verwertung werden. Bestimmend ist in allen Fällen der Nutzen, dem sich die Kreatur unterworfen sieht. Sind Esel, Hund und Katze wegen ihres Alters nutzlos geworden, so soll der Hahn einem momentanen Nutzen dienen. Allen ist es bestimmt, ihr Leben zu verlieren, ohne Rücksicht auf ihre vergangenen wie gegenwärtigen Verdienste. Ihre Herren maßen sich die absolute Verfügungsgewalt über sie an und entscheiden über Leben und Tod. Ein Herren-Sklaven-Verhältnis zeichnet sich ab, vergleichbar etwa mit der Situation in manchen Äsopischen Tierfabeln, die in tierischer Einkleidung das Sklavenschicksal darstellen und anprangern.

Im Märchen bildet sich im ausgenutzten Tier ganz allgemein die geschundene Kreatur ab, sowohl wörtlich auf das

Tier als auch übertragen auf den ausgebeuteten Menschen am Fuß der sozialen Pyramide verweisend. Die Sprechfähigkeit der Tiere legt auf der einen Seite solche Übertragung nahe, auf der anderen verdeutlicht sie, daß auch das Tier zu den fühlenden und verständigen und daher zu achtenden Wesen gehört.

Hinter dem Wunsch, in die Stadt zu ziehen, steht in denkbarer Anspielung auf den alten Rechtsgrundsatz „Stadtluft macht frei" der Wunsch nach Überwindung der Leibeigenschaft, nach der Freiheit, die auf dem Lande unterdrückt wird, in der Stadt aber allem Anschein nach verwirklicht ist. Dort scheint es nicht länger Herren und Sklaven, keine Hierarchie und keine Deklassierung zu geben. Wirklichkeit geworden scheint dort der Einklang freier Menschen, vorweggenommen in dem Ziel der Tiere, in der Stadt zusammen zu musizieren, also harmonisch zusammenzuwirken und Harmonie produktiv zu gestalten.

Der Exodus von Esel, Hund, Katze und Hahn, ausnahmslos Nutz- und Haustiere, kommt einer Aufkündigung aller Herrschaftsbeziehungen gleich. Er bedeutet die Solidarisierung der Unterdrückten und Ausgebeuteten und zugleich den Aufbruch in eine Welt jenseits der rücksichtslosen Ausplünderung. Aus der Situation entwickelt sich folgerichtig die Aktion, die sich wie häufig im Märchen als Aufbruch verwirklicht. Nicht aber ein einzelner Märchenheld bricht auf aus einem ungenügenden Zustand, sondern die, die sich unter dem Druck der Verhältnisse zu einer Gruppe zusammenschließen und entschlossen sind, wie ein Mann zu handeln.

Doch der Aufbruch führt nicht an das gesteckte Ziel. Trostlos kommt er zunächst in einem Wald zum Stillstand, wo nicht mehr als ein notdürftiges Lager zur Verfügung steht, ohne die Möglichkeit, sich zu sättigen. Erst ein hell erleuchtetes Haus, das der Hahn aus dem Baumwipfel in der Ferne wahrnimmt, wirft im wahrsten Sinne des Wortes Licht in ihre finstere Lage und läßt sie wieder Hoffnung schöpfen. Der erneute Aufbruch führt die Tiere zu dem Haus, das unvermittelt und ohne nähere Erklärung als „Räuberhaus" bezeichnet wird. Das Märchen verkürzt unter Verzicht auf realistische Hinführung die Dinge auf ihre Bedeutung innerhalb der Handlung. Nur ein Räuberhaus ermöglicht den Tieren, dort mit List und Gewalt einzudringen, der Einbruch in jedes andere Haus wäre unrecht.

Der Räuber ist im Märchen in aller Regel der asoziale Lump, der Kriminelle außerhalb der Gesellschaft und der Ordnung. Ihm Schaden zuzufügen und ihm das Gestohlene wieder abzujagen ist in jedem Fall vertretbar, besonders dann, wenn es denen, die in der Ordnung leben, schlecht geht, die Räuber aber prassen. Der Esel sieht durch das Fenster in die hell erleuchtete Stube: „Einen gedeckten Tisch mit schönem Essen und Trinken und Räuber sitzen daran und lassen's sich wohlsein." Für den Hahn wie für die anderen Tiere ist es klar, daß all das eigentlich für sie wäre. Auffällig spiegelt sich in dieser Situation die Ausgangslage. Wieder gibt es die, die im Licht sind und für die der Tisch gedeckt ist, und die, die draußen im Dunkeln stehen und um die Früchte ihrer Arbeit gebracht werden, wenngleich sie es waren, die durch ihre Arbeit den Tisch gedeckt haben. Aus den Herren, die die Tiere drangsalierten und ausnutzten, sind die Räuber geworden. Mit der Aufkündigung der ungerechten Verhältnisse und der Entfernung von ihnen erscheint den ehemaligen Opfern das eigentliche Wesen der herrschaftlichen Täter in hellem Licht. Diejenigen, die die Arbeitskraft anderer nur zu ihrem Vorteil ausbeuten, sind wie die Räuber, die sich das Gut anderer aneignen, um es sich gutgehen zu lassen. Das Märchen erreicht gerade hier seine äußerste sozialkritische Schärfe aus der Sicht der Ausgeplünderten, stellvertretend abgebildet im Blick des Esels durch das Fenster, des Lasttiers schlechthin, das allerdings aufgehört hat, weiterhin nur der dumme Esel zu sein.

Einsgeworden zu einer Figur, ihre entschlossene Solidarität demonstrierend, wobei der jeweils Größere und Stärkere den Kleineren und Schwächeren stützt, gelingt es den Tieren, sich durchzusetzen und die Räuber zu vertreiben. Ihre Musik, das Vermischen ihrer natürlichen Stimmen, erinnert an die kultische Funktion der Musik, die bösen Geister in die Flucht zu schlagen. Selbstbewußt erhebt ein jedes seine Stimme und reklamiert seinen gerechten Anspruch. Nicht länger gewillt, nur draußen im Dunkeln zu stehen, werden sie selbst aktiv, indem sie durch das Fenster in die Stube eindringen. Nur ein revolutionärer Akt, die gewaltsame Vertreibung der Ausbeuter, kann die Ausgebeuteten in den Genuß des Lebensnotwendigen bringen. Die Abqualifizierung der Herren zu Räubern rechtfertigt das Vorgehen und läßt es als gerecht und begrüßenswert erscheinen. In der Eroberung des Hauses, des eigentlichen Herrschaftszentrums, wo man die Früchte fremder Arbeit genießt, erreicht die Aktion ihren Höhepunkt und ihren erfolgreichen Abschluß. Die Tiere behalten auch hier, zumindest was ihre Stimmen betrifft, weitgehend ihre natürlichen Verhaltensweisen bei, ihr Handeln aber nimmt in der Fiktion der Fabeleinkleidung allgemein vorweg, was überall geschehen müßte, wo die Kreatur, die tierische wie die menschliche, geschunden wird. Die Tiere eignen sich an, woran sie im Grunde selbst mitgewirkt haben und was sie daher im Unterschied zu den Räubern verdienen und ihnen zusteht.

Herauszuheben ist, daß bei der ganzen Aktion kein Blut fließt. Beherztheit und List reichen aus, die Räuber davonzujagen. Keine wirklich kämpferische Auseinandersetzung findet statt, sondern lediglich ein schwankhaftes Verprellen der Gegenseite, die dumm genug ist, auf das martialische Imponiergehabe hereinzufallen. Wirklich groß ist der kleine Mann nicht allein, sondern immer nur zusammen mit den anderen. Überhaupt stellt das Märchen die List stets höher als den heroischen Kampf. Die List ist die wirksamste Waffe der Kleinen, denen andere Mittel nicht zur Verfügung stehen, ihre Interessen durchzusetzen. Ihr Triumph erweist sie regelmäßig als die Überlegenen, sofern sie sich wirklich auf ihre ihnen eigentümliche Stärke besinnen.

Die erfolgreich abgeschlossene Aktion fordert jedoch die Reaktion der Vertriebenen heraus, die nun draußen in der Finsternis stehen und ihre voreilige Flucht zu bereuen beginnen, zumal ihnen der Vertreiber unbekannt geblieben ist. Aus der Entfernung schöpfen sie neuen Mut. Verräterisch ist ihr Vorgehen im Vergleich mit der Aktion der Tiere. Während diese sich zu einer Angriffsfigur formierten, wobei jeder einbrachte, was ihm möglich war, schickt der Hauptmann einen Auskundschafter in das still gewordene Haus und verharrt selbst mit den anderen im Schutz der Dunkelheit. Mutige Solidarität gibt es auf der Seite der Räuber nicht. Statt dessen setzen sie auf die Delegation der Aufgaben, wobei die riskantesten von denen zu erfüllen sind, die zu gehorchen haben. Wiederum fällt die Parallele zwischen den Herren und den Räubern auf. Auf beiden Seiten herrschen Hierarchie und Verfügungsgewalt.

Die Erlebnisse des Abgeschickten unterstreichen in schwankhafter Drastik noch einmal die Dummheit und die Furchtsamkeit der Gegenseite, aber auch ihr schlechtes Gewissen. Aus zwei Perspektiven werden die Vorfälle im Haus geschildert. Einmal aus der objektiven Sicht des Erzählers, und zum andern aus der subjektiven Sicht des Abgeschickten. In der Diskrepanz zwischen beiden Darstellungen offenbaren sich die abergläubische Furcht und die Unfähigkeit der Räuber, im Unterschied zu den Tieren, die reale Situation richtig einzuschätzen und situationsgerecht zu handeln. Wo man ihnen entschlossen begegnet, sind sie die Unterlegenen, wobei sie die Bedrohungen lügnerisch aufbauschen, um sich selbst und ihren Spießgesellen etwas vorzumachen, weil sie sonst alle Selbstachtung verlieren müßten. In dem Maße, wie sie den eigenen Verzerrungen und Verfälschungen der Wirklichkeit verfallen, werden sie selbst unwirklich und verlieren jeglichen realen Einfluß.

So wird die Katze zur Hexe, die dem Abgeschickten mit langen Fingern das Gesicht zerkratzt, der Hund, der ihn beißt, erscheint ihm als gefährlicher Messerstecher, und der

Esel, der ihn mit dem Hinterfuß schlägt, verwandelt sich für ihn in ein keulenschwingendes Ungeheuer. Eine Sonderstellung nimmt wiederum der Hahn ein, indem er dem „Eingedrungenen" zwar körperlich nichts zufügt, aber ihn durch seinen lauten Ruf aufs äußerste erschreckt. Sein Kikeriki schallt ihm in den Ohren wie die Aufforderung des Richters, den Schuldigen vors Gericht zu bringen. Deutlich regt sich das schlechte Gewissen des Räubers, der sich in einem geheimen Winkel seines Bewußtseins die Gewißheit bewahrt hat, daß sein Handeln unrecht ist. Schrecken und Angst bringen ungewollt die Wahrheit an den Tag. Die Szene im mitternächtlichen Haus führt zur Entlarvung des räuberischen Bewußtseins. Das, was der einzelne verdrängt, steht ihm nun in einer Art kathartischer Situation schreckhaft vor Augen und schlägt ihn zum zweitenmal in die Flucht, diesmal endgültig. Verräterisch ist, daß auch die anderen keine weiteren Versuche unternehmen, das Geschilderte noch einmal mit eigenen Augen zu überprüfen. Der berichtete Schrecken reicht aus, ihnen bereits fern von dem scheinbar grauenvollen Ort heillose Angst einzujagen. Klar tritt die Parteilichkeit des Märchens hervor, das den kleinen Leuten Mut machen möchte, die angeblich Großen nicht allzu ernst zu nehmen und sich von ihnen weiterhin nicht unterdrücken und ausbeuten zu lassen. Daher gilt es, die Großen konsequent ab- und die Kleinen aufzuwerten.

Die Furcht und die Feigheit der Räuber, ihr im Grunde völliger Verzicht auf Gegenwehr, sind weniger realistisch als symbolisch zu verstehen. Was sie im Moment scheinbarer Bedrohung wie gelähmt erscheinen läßt, ist ihr nie ganz unterdrücktes Unrechtsbewußtsein. Allein die bloße Einbildung der objektiven richterlichen Instanz läßt den Räuber vor Schreck erstarren. Wo der Mensch aus der Ordnung herausfällt oder ihr gar fortgesetzt zuwiderhandelt, holt ihn am Ende die verletzte Ordnung selbst ein und steht denen bei, die unter den ordnungswidrigen Bedingungen zu leiden gehabt hatten.

Die soziale Ordnung, und um die geht es im vorliegenden Märchen, kann nicht darin bestehen, daß die einen nur zu befehlen und die anderen nur zu gehorchen haben, daß die einen darüber bestimmen, wer und was von Nutzen ist, und die anderen ausschließlich benutzt und ausgenutzt werden. Die wahre soziale Ordnung zielt ab auf das Zusammenwirken aller Kräfte, auf die prinzipielle Gleichberechtigung aller, die sich in den Dienst der Lebensgemeinschaft stellen. Sinnbildlich für ein solches Zusammenwirken steht die aus den vier Tieren gebildete Figur, in der die Kräfte sinnvoll verteilt sind und alle nur ein Ziel für alle vor Augen haben. Sowohl die Räuber wie die Herren verletzen jedoch die so verstandene soziale Ordnung, indem sie durch Ausbeutung und Ausplünderung auf Kosten anderer zu leben versuchen.

Am Ende ist die soziale Gerechtigkeit wiederhergestellt. Sie bildet innerhalb der Fabelstruktur des Märchens die Konsequenz aus einer Handlung, die nicht eher zum Abschluß kommen konnte, als das asoziale Unwesen endgültig in die Flucht geschlagen war. „Von nun an getrauten sich die Räuber nicht weiter in das Haus, den vier Bremer Musikanten gefiel's aber so wohl darin, daß sie nicht wieder heraus wollten." Esel, Hund und Katze haben ihren verdienten Lohn für ihre langjährige Arbeit erhalten, und der Hahn kann sicher sein, daß hier seine besonderen Fähigkeiten weiter gefragt sind. War er es doch, der das Haus in der Dunkelheit ausmachte und dem Räuber durch seinen Ruf den größten und entscheidenden Schrecken einjagte. Lohn und Anerkennung, das gehört zu den Grundüberzeugungen des Märchens, fallen dem einzelnen nicht in den Schoß, sondern müssen eingefordert werden, und sei es mit beherztem Eingreifen und allen Mitteln der List.

# Der Teufel mit den drei goldenen Haaren

**Quelle:** Der Text wurde durch Dorothea Viehmann vermittelt. Die von Amalie Hassenpflug stammende Version im Erstdruck enthielt lediglich den zweiten Teil des Märchens.

**Erstdruck:** I, 1819

Das Märchen thematisiert in exemplarischer Weise das Glück als das eigentliche Agens der Gattung. Während in den meisten anderen Märchen vom Helden aktiver Einsatz und einfallsreiche Handlungsstrategien erwartet werden, genügt hier das bloße Glücksvertrauen, um erfolgreich zu sein. Genau besehen ist aber auch der Glaube an das Glück eine psychische Kraft, die erst glücksfähig macht. Glück hat, wer die Dinge und Geschehnisse von der besten Seite auffaßt, in allem einen guten Ausgang erhofft und sich von niemandem und nichts entmutigen läßt. Insofern ist der Glückspilz im Märchen keiner, der sich von der Fortuna ohne eigenes Zutun durchs Leben tragen läßt. Vielmehr erzwingt er das Glück durch seine seelische Einstellung, seinen unbezwinglichen Optimismus.

Für den, der positiv denkt, wendet sich schließlich auch die eigene Lebenswirklichkeit ins Positive. Verändernd greift weniger die Tat in die Welt ein als der Glaube, der Berge versetzt. Der Glaube ist ein Zwillingsbruder des Wunsches. Der Mensch glaubt, was er wünscht, nach seinen Wünschen richtet er sich seinen Glauben ein. Aus dem Glücksvertrauen erwächst das reale Lebensglück. Das vorliegende Märchen ist die Probe aufs Exempel.

Das Glück ist mit denen im Bunde, die seiner vorzugsweise bedürfen, da ihre soziale Lage mißlich und kümmerlich ist und sie keine Macht haben, diese zu ändern. Das einzige ihnen Verbliebene ist der Glaube an die Wende zum Besseren. Das Glücksvertrauen als ausgleichende Zuversicht ist im Märchen stets sozial motiviert. Wer nichts hat und nichts ist, bei dem sind die Kraft des Wünschens und die Glückserwartungen am ausgeprägtesten. Nur die Armen läßt das Märchen in einer Glückshaut zur Welt kommen. „Es war einmal eine arme Frau, die gebar ein Söhnlein, und weil es eine Glückshaut um hatte, als es zur Welt kam, so ward ihm geweissagt, er werde im vierzehnten Jahr die Tochter des Königs zur Frau haben."

Die Glückshaut, der pileus naturalis, ist die Embryonalhaut von der gelegentlich etwas am Neugeborenen hängenblieb, und die als günstiges Vorzeichen galt. Dem Kind prophezeit sie in zukunftsgewisser Vorausdeutung einen märchenhaften Aufstieg und begründet bereits im einleitenden Satz die Lesererwartung. Die verheißene königliche Braut bedeutet das Überschreiten ständischer Grenzen und den Zugang zu einem unbeschwerten Leben in Reichtum und Sorglosigkeit. Es ist der Traum derjenigen, die unten stehen, einmal ganz oben zu sein.

Dazu aber gehört Glück, weil die Grenzen zwischen Oben und Unten, Arm und Reich starr gezogen sind und unüberwindbar erscheinen. Nicht allzu wörtlich darf die Zahl Vierzehn genommen werden. Sie bezeichnet weniger ein reales Lebensalter als die verstärkende Verdoppelung der Glückszahl Sieben, die als Rundzahl die Erfüllung aller Wünsche in Aussicht stellt.

Die in eine glückliche Zukunft gespannte Handlung ruft aber bereits früh eine Gegenbewegung hervor, die das geweissagte Glück zu durchkreuzen sucht. In Spiel und Gegenspiel gewinnt der Konflikt zwischen Glück und Macht Gestalt, zwischen dem, was noch nicht ist, aber werden soll, und dem, was ist und nicht weichen will. Der König mit dem bösen Herzen repräsentiert den in sich erstarrten Standesegoismus, der sich jeder Entwicklung, die auch dem Unterprivilegierten eine Chance gibt, in den Weg stellt. Das eben macht die Selbstsucht der Mächtigen aus, daß sie von der erworbenen Macht besessen und bereit sind, sie mit allen Mitteln zu sichern.

Realistisch zeigt das Märchen die Grenzen des Glückssuchers aus den untersten Schichten auf, die exakt dort beginnen, wo die Höhergestellten ihre Pfründen beanspruchen. Intrigant die Armut der Leute ausnutzend, handelt der König ihnen das Kind für schweres Gold ab, wobei er wohlweislich sein Inkognito wahrt, und versucht, das Kind in einer Schachtel zu ersäufen. Der König, dem Märchen keineswegs immer sakrosankt, erscheint in bitterer Kritik als machtbesessen, ränkesüchtig und wortbrüchig. Hatte er doch den Eltern versprochen, gut für das Kind zu sorgen. Dem versuchten Mord an dem neugeborenen Leben wirkt jedoch das Wasser des Flusses entgegen, das das ausgesetzte Kind sicher zu seinen künftigen Pflegeeltern bringt. Das Element, das lebendige, vorwärtsdrängende Wasser, steht auf der Seite des Glückskinds. Zugleich bildet sich im Fluß die Dynamik der Märchenhandlung ab, die letztlich über die Machenschaften des Königs den Sieg davontragen wird. Zum erstenmal hat die Glückshaut geholfen und die finsteren Absichten des Gegenspielers durchkreuzt.

Die zweite Intrige des Königs fällt in das vierzehnte entscheidende Jahr des inzwischen Herangewachsenen. Bemerkenswert ist wiederum, daß der König nicht etwa selbst Hand anlegt, sondern es weitgehend den Umständen überläßt, ob seine Machenschaften zum Ziel führen. Der Held wie sein Gegner sind im Märchen eingeflochten in ein Netz von Bedingungen, die sich jeweils gegen den Egoisten und Schadenstifter richten. Die Welt ist für den Märchenerzähler im innersten in Ordnung. Unordnung trägt nur der Mensch in sie hinein, daher wenden sich die Bedingungen letztlich gegen ihn. Das Märchen fingiert ein sich selbst erfüllendes Ordnungssystem, in dem stets der Erfolg hat, der nach der Ordnung handelt und ihr vertraut. Mißerfolg aber trifft den, der die Ordnung mißachtet.

Der Junge, der ahnungslos den Brief mit seinem Todesurteil der Königin überbringen soll, gerät unter die Räuber. Die bedrohliche Zuspitzung der Lage schlägt aber auch hier zugunsten des Glückskinds um, ohne daß es selbst aktiv eingreift. Die Räuber, in aller Regel rücksichtslos und ohne Mitleid, zeigen sich in bissiger Ironie menschlicher als der König, der in seinem Verhalten sittlich noch unter die Räuber abfällt. Anders als in den *Bremer Stadtmusikanten* klingt hier das Motiv des gerechten Räubers an, der, den unteren Schichten näherstehend als dem König, für den sozialen Ausgleich eintritt, indem er gegen die brutale königliche Intrige eine listige Gegenintrige setzt.

Mit dem gefälschten Brief erreicht der Junge den Königshof und wird dort gemäß der scheinbar vom König stammenden Anordnung mit der Königstochter vermählt. Ironischerweise geschieht in der Welt nicht, was der König, sondern was der Räuber will. Subversiv triumphiert der Outlaw über die etablierte Macht. Königliche Befehle, die dem andern Schaden zufügen, sind offenbar null und nichtig. Die Grenzen absoluter Macht liegen für das Märchen dort, wo elementare Lebensinteressen bedroht sind. Hier hat auch der König seinen Einfluß verloren. Mit der Glückshaut schützt die vitale Natur ihre Kinder vor den Übergriffen von außen, so wie ja auch das im Mutterschoß heranwachsende Leben gegen alle bedrohlichen Einflüsse abgeschirmt ist. Die naive Treuherzigkeit des Jungen entspringt aus dem Vertrauen auf die Kräfte der Natur, die dem zuwachsen, der sie am nötigsten braucht. Mit der erfüllten Weissagung schließt der erste Teil des Märchens, in dem weder das tiefe Wasser noch die Räuber, weder die Gefährdungen in der Natur noch die Gefahren in der Gesellschaft dem Glückskind etwas anhaben konnten.

Der zweite Teil bedeutet eine nochmalige Steigerung der Gefahren, denen das Glückskind ausgesetzt wird, indem nun die Grenzen der diesseitigen Welt zum Jenseitigen hin überschritten werden. Erst der steigernde Dreischritt von Natur (tiefes Wasser), Gesellschaft (Räuber) und jenseitiger Welt (Hölle) führt zur Geschlossenheit des Märchens. In allen Fällen begegnen extreme Gefährdungen. Geriet der Junge beim ersten- und beim zweitenmal noch unwillentlich bzw. unwissend in Gefahr, so weiß er beim drittenmal um das, was ihm droht, und stimmt der Probe aus freien Stücken zu. Auch auf den jeweiligen Stufen des Bewußtseins verwirklicht sich eine Steigerung, die zuletzt das unerschütterliche Vertrauen des Glückskinds unüberbietbar unterstreicht.

Mit dem Auftrag an den Jungen, der längst sein Schwiegersohn ist, drei goldene Haare vom Haupt des Teufels zu holen, zielt der König auf keinen unmittelbaren Gewinn ab, sondern ausschließlich auf die Vernichtung dessen, den er nicht in den Grenzen seines Standes dulden will. Der Junge aber erhält mit den drei Haaren Zugang zu teuflischem Wissen, mit dem er Segen stiftet. Weniger der Glaube an die Haare als Träger von Lebenskraft spielt hier eine Rolle als die alte magische Vorstellung, daß auf den, der im Besitz von Teilen eines Mächtigen ist, dessen Macht, zumindest in Teilbereichen, übergeht.

Drei Stationen durchläuft das Glückskind bis zur Hölle. Jedesmal wird ihm eine Frage gestellt, auf die es keine Antwort weiß, sich seiner aber sicher ist, daß es eine Antwort finden wird. Seine stereotype Reaktion „Ich weiß alles" unterstreicht sein Selbstbewußtsein und seinen Glauben an das Glück, der ihm die Kraft gibt, selbst vor der Hölle nicht zurückzuscheuen. Wer an den eigenen guten Stern glaubt, der braucht selbst den Teufel nicht zu fürchten. Der Marktbrunnen, aus dem kein Wein mehr quillt, der Baum, der nicht länger goldene Äpfel trägt, und der Fährmann, der hin und her fahren muß, ohne abgelöst zu werden, sind Sinnbilder einer verwunschenen und unerlösten Welt, in der sich Schaden, Mangel und Unglück eingenistet haben, aus der Lebenskraft, Wachstum und Freude gewichen sind. Das Glückskind wird zum Hoffnungsträger, der aufbricht, Antworten zu finden auf bedrängende Fragen des Daseins.

Auf dem Wege zur Hölle muß ein Wasser überquert werden. Der Fährmann spielt auf den Volksglauben des Totenschiffers an, der die Toten zum Jenseits, im Märchen nur durch die Hölle vertreten, übersetzt. Die Abenteuer des Glückskindes gipfeln in einem Besuch der Unterwelt, nur besonders begnadeten Menschen vorbehalten, wo es nicht nur die drei Haare des Teufels erlangen, sondern auch Antworten auf die ihm gestellten Fragen erhalten kann. Entscheidend ist, daß der junge Mann neben seinem eigenen Ziel auch die Ziele anderer verfolgt. Insofern erfüllt er die sozialen Anforderungen des Märchens an seine Helden.

Die Hölle selbst macht weniger den Eindruck eines Schrekkensortes als einer guten Stube, wo des Teufels Großmutter behaglich in ihrem breiten Sorgenstuhl sitzt. Überhaupt neigt das Märchen dazu, das Numinose und Transzendente herunterzuspielen, da es ganz und gar mit dem Diesseits befaßt ist. Zwar würde es dem Eindringling unweigerlich „an den Kragen" gehen, wenn der Teufel ihn anträfe, aber das Mitleid der Großmutter mit dem Glückskind, parallel zu den Erfahrungen im Räuberhaus, schützt es auch hier. Unbekümmertheit und Glücksvertrauen zahlen sich erneut aus. Wie man sich von angeblich weltlicher Größe nicht einschüchtern lassen soll, so gilt es auch, jenseitige Schreckensgemälde nicht allzu ernst zu nehmen. Immerhin ist hier der Ort, wo man von dem teuflischen Schadenstifter selbst Aufklärung erhalten kann über unerklärliche, schlimme Zustände auf der Erde. Verwandelt in eine Ameise, bereits in der Antike in vielen Verwandlungssagen anzutreffen, und geschützt in den Rockfalten der Großmutter, wird das Glückskind Zeuge, wie die alte Frau dem heimgekehrten Teufel die gewünschten Haare auszieht und jedes mit einem vorgegebenen Traum verknüpft, der sich jeweils auf eine der drei Fragen bezieht.

Auf der einen Seite erhält so der ausschließlich auf die Vernichtung des Glückskinds abzielende Auftrag des Königs eine soziale, lebens- und glückstiftende Funktion, auf der anderen scheinen Traum und Wirklichkeit problemlos ineinander überzugehen. Für den Teufel ist das angeblich Geträumte wirklich und findet eine realistische Erklärung. Vorstellung und Wirklichkeit sind innerhalb der Märchenfiktion eins, so wie ja auch das geweissagte Glück notwendig in Erfüllung geht, an der schließlich der Teufel sogar noch mitwirkt. Auf jede der in einen Traum gekleideten Fragen weiß der Teufel die richtige Antwort, weil er offenbar selbst mit den Schadenstiftungen und Verwünschungen zu tun hat. Sowohl die Kröte im Brunnen als auch die Maus, die an den Baumwurzeln nagt, gehören zu den Teufelstieren bzw. zu den möglichen Erscheinungsformen des Teufels. Nach einer westfälischen Sage ist der Teufel sogar der Fährmann, der die Seelen, die ihm die Großmutter zuführt, über das Wasser in die Hölle bringt.

Vom Teufel geht jeder Fluch und jedes Unglück aus, er ist verantwortlich, wenn die Lebenskraft versiegt, Wachstum und Reifung gestört sind und der Mensch sich in eine scheinbar ausweglose Lage verwickelt sieht. Sein Gegenspieler aber ist das Glückskind, das im Glauben an sein Glück alle Flüche wieder in Segen umwandelt und den in einen bösen Bann geschlagenen Menschen erlöst. Selbst die Hölle, aus der der Held unversehrt zurückkehrt, kann ihn nicht schrecken, da der Glaube an das Glück die Kräfte entbindet, das Unglück zu überwinden und die Welt wieder zu ordnen. Aus der Freierprobe, die dem Jungen den Tod bringen sollte, wird eine dreifache soziale Bewährung. Das Glück ist nicht für einen allein. Glückskind zu sein bedeutet auch das Glück anderer zu befördern. Erfolgreich für sich selbst und seine Gemeinschaft ist der positiv eingestellte, optimistische Mensch, der sein Vertrauen auf den guten Ausgang nicht verliert und selbst vor numinosen Schreckbildern nicht zurückweicht. Alle Konflikte sind lösbar, sofern der Mensch an ihre Lösung glaubt. Jenseitige Mächte sind nur insoweit von Interesse, als sie in das diesseitige Leben hineinwirken und dafür nutzbar gemacht werden können. Die Hölle hat über den auf sein Glück Bauenden keine Gewalt.

Bezeichnend ist, daß der Fährmann zwar auf den Totenschiffer der Sage anspielt, aber im Märchen als solcher gar nicht auftritt. Der Märchenerzähler verschließt vor dem Tod nicht die Augen. Doch wo es um das Lebensglück und seine Verwirklichung, um Jugend und Liebe geht, muß er notwendig zurücktreten. Daher verwandelt sich alles, was der tödliche Haß des Königs plant, in den Triumph des Überlebens und der Lebensliebe. Der König selbst aber, der haßt und töten will, muß am Ende bestraft werden, um Haß und Vernichtung aus der Welt zu verbannen. Er ist dazu ausersehen, die Ruderstange des Fährmanns zu übernehmen und an seiner Stelle hin und her zu fahren. Von seiner Habgier verlockt, fällt er auf die listigen Flunkereien seines mit Gold beladenen Eseln heimgekehrten Schwiegersohns herein und läßt sich die Stange in die Hand drücken. So ist er zum Schluß ans Ende der Welt verbannt, dorthin, wo sie an die Hölle grenzt, während das Glückskind und die Königstochter im Zentrum des Lebens und im Zenit ihres Glücks stehen. Die ständischen Grenzen sind überwunden. Der kleine Mann, das Lieblingskind der Natur, ist König geworden, weil er Tod und Teufel nicht fürchtete.

# Tischleindeckdich, Goldesel und Knüppel aus dem Sack

**Quelle:** Vermittlerin war Jeanette Hassenpflug nach einer Erzählung der „alten Mamsell Storch bei Henschel".

**Erstdruck:** KHM I, 1812

Das ungewöhnlich lange Märchen ist aus zwei deutlich voneinander abgehobenen Erzählungen gefügt, wobei die erste schwerlich als Märchen anzusprechen ist und erst in der Verknüpfung mit der zweiten ihren Stellenwert innerhalb des märchenhaften Erzählens erhält. Beide Teile entwickeln sich jeweils in einem Dreischritt, wobei anfangs der Vater, von dem die Handlungsimpulse ausgehen, die zentrale Figur bildet, zum Schluß aber dominieren die Söhne. Insofern ist bereits in der Akzentuierung der Generationenabfolge ein fortschreitendes Erzählprinzip zu erkennen. Verbindend ist neben dem identischen personalen Gefüge, daß beide Erzählungen im Handwerkermilieu angesiedelt sind und daher das Handwerk und die handwerkliche Arbeit eine besondere Rolle spielen.

Das alte Sprichwort, nach dem Handwerk angeblich goldenen Boden haben soll, trifft kaum auf die Situation des Schneiders und seiner drei Söhne zu. Man nährt sich eher kümmerlich, unter anderem von der Milch einer einzigen Ziege. An der Ziege entzündet sich der Konflikt, der sich schließlich krisenhaft zuspitzt. Nacheinander werden die Söhne aufgerufen, die Ziege auf die Weide zu führen. Alle drei verrichten ihre Arbeit gut, machen ergiebige Weidegründe ausfindig und werden dennoch um Anerkennung und Lohn gebracht. Die sprechende Ziege treibt ihr boshaftes Spiel mit ihnen, indem sie ihren Hütern die Wahrheit sagt, den Vater aber belügt und abstreitet, überhaupt etwas zum Fressen gefunden zu haben.

Die Falschheit der Ziege wird nicht näher begründet. Der Volksaberglaube aber macht Ziegen oft verantwortlich für die Irreführung der Leute. Dabei mag der verbreitete Vergleich sommerlicher Luft- und Dunsterscheinungen mit dem Tier mitgespielt haben. Die Ziege, als Tiersymbol wie alle anderen Symbole im Märchen ambivalent, verkörpert das teuflische Prinzip der Lüge und der böswilligen Täuschung. Sie verfälscht die Wahrheit und schadet anderen um des Schadens willen. In der Tat hat man sie als Teufelsgeschöpf, ausgestattet mit den Augen des Teufels, gelegentlich verstanden. Wo aber Entstellung und Verfälschung herrschen, ist die Wirklichkeit verzerrt und das Urteil fehlgeleitet. Der Mensch verfällt der Fehleinschätzung und dem Irrtum und verhält sich falsch, indem er die Situation verkennt.

Der Vater, der der doppelzüngigen Ziege glaubt, wird zwar nicht im eigentlichen Sinn schuldig, doch trägt er die Verantwortung für sein übereiltes Urteil und den dreimaligen Mangel an Skepsis und kritischer Reflexion. Seine Söhne im Irrtum vertreibend, gleicht er dem Helden in der Tragödie, der ein Opfer der Hamartia (Irrtum) wird. Tragisch ist die Welt, in der der Vater seine unschuldigen Söhne vertreibt, in der die Lüge die Grundlage der Wertentscheidung bildet und die gute Arbeit den denkbar schlechtesten Lohn erhält. Auf den bloßen Wortschein bauend, verkennt der Vater das, was wirklich geschehen ist, und zerstört das fundamentale Vertrauensverhältnis zwischen der älteren und der jüngeren Generation. Unerkannt bleibt für ihn bis kurz vor dem Ende des ersten Teils das lügnerische Wesen der Ziege.

Erst nachdem er es selbst übernommen hat, das Tier auf die Weide zu führen, erfährt er die Verleumdungen an sich selbst. Betroffen, jetzt erst die wahre Situation durchschauend, muß er erkennen, daß er seinen Söhnen bitteres Unrecht zugefügt hat. Doch das Geschehene läßt sich nicht rückgängig machen. Ähnlich folgte in der Tragödie der Alten auf den Irrtum, die Hamartia, die Anagnorisis, die plötzliche Erkenntnis des Unrechts, das, bereits vollzogen, die Tragik der Situation und die tragische Verwicklung des Helden nochmals steigerten, zumal ihm selbst jede Chance zur Wiedergutmachung genommen war. Was dem Vater zu tun übrig bleibt, ist, sich zu rächen an der lügnerischen Ziege, der er den Kopf kahl rasiert, und sie damit der entehrenden Strafe des Haarverlusts unterwirft. Mit ihrer Vertreibung vertreibt er Lüge und Täuschung aus seiner Welt. Zwar ist er in der Lage, die Ursache seines Irrtums, das teuflische Schadensprinzip, unschädlich zu machen, aber die Wirkungen, den wirklich angerichteten Schaden, vermag er aus eigenen Kräften nicht zu revidieren. Folgerichtig ist es daher, wenn er als handelnde Person fortan in den Hintergrund tritt.

Die Welt des Vaters ist beherrscht von Täuschung und Irrtum, von affektiver Übereilung und fehlendem Vertrauen. Aus ihnen entspringt das Unrecht an den Söhnen. Die Selbsterkenntnis kommt zu spät. Der Vater-Sohn-Konflikt hat seinen tiefsten Grund in der fehlenden Achtung des Vaters vor seinen Söhnen, im mangelnden Zutrauen zu ihnen und zu ihren Leistungen. Stets glauben die Älteren, alles besser zu können als die Jüngeren, und sind bereit, herabsetzenden Einflüsterungen Glauben zu schenken, so daß sie niederreißen, was sie eigentlich aufbauen sollten.

Trauer beschließt den ersten Teil der Erzählung, die kein Märchen, sondern eher das Gegenteil von ihm ist. Keine Wünsche werden erfüllt, nichts Wunderbares und kein Glück stellen sich ein. Der Wunsch des Vaters, seine Söhne zurückzuhaben, läuft ins Leere, die graue Alltagswelt mit ihrer Einsamkeit holt ihn ein, und das Unglück scheint unaufhebbar. Ein Anti-Märchen gewinnt als tragische Erzählung Gestalt, in der die Wirklichkeit des Scheiterns alle Möglichkeiten des Gelingens verdrängt.

In polarer Opposition zum Tragischen steht nicht nur das Komische, sondern auch das Märchenhafte. Beide Aussageweisen haben allerdings gemeinsam, daß sie die drohende Katastrophe regelmäßig im abschließenden Happy-End abwenden. In der vorliegenden Geschichte provoziert das Anti-Märchen das eigentliche Märchen, das tiefe Unglück ein über alle Maßen gesteigertes Glück. Der zweite Teil umfaßt die Geschichte der Söhne, die das ihnen angetane Unrecht durch Arbeitsamkeit und Leistung kompensieren. Das, was ihnen zugefügt wurde, der erlittene Absturz ins Ungewisse, wird ihnen zum Anstoß, aus eigener Kraft aufzusteigen und sich des eigenen Leistungserfolgs gewiß zu werden. Das Märchen erfüllt sich im Zuge der Revision der Tragödie. Wiederum dominiert der Dreischritt, diesmal im Zeichen des erfolgreichen und anerkannten Handelns der Söhne. Die Stelle des Vaters nehmen jetzt die einzelnen Lehrherren ein, die die geleistete gute Arbeit jedoch mit einem gerechten Lohn honorieren. Den affektiven Fehlurteilen des ersten Teils stehen im zweiten sachlich begründete Entscheidungen gegenüber, die das Verhalten des Vaters indirekt noch einmal kritisch beleuchten.

Die wunderbare Beschaffenheit des jeweiligen Arbeitslohns wendet die Handlungsentwicklung endgültig ins Märchenhafte. Sowohl das Tischleindeckdich als auch der Goldesel und der Knüppel aus dem Sack sind Requisiten mit wunderbaren Eigenschaften, echte Wunderstücke, die Erinnerungen an die Legende wachrufen, nur daß sich hier im Wunder nicht göttliches Wirken manifestiert, sondern das Wirken einer höheren poetischen Gerechtigkeit, die Leistung und Lohn in einen gebührenden Zusammenhang bringt. Übertreibt der erste Teil ins Negative, so der zweite ins Positive. Das Wunder gleicht das Desaster aus.

Der Arbeitslohn für die erfolgreich abgeschlossene Lehrzeit, dies gilt zumindest für die beiden ersten Fälle, macht jede weitere Arbeit überflüssig. So ist das Tischleindeckdich des ersten Sohnes, der bei einem Schreiner gelernt hat, dazu angetan, seinen Besitzer ein Lebtag lang reichlich mit Speise und Trank zu versorgen, ohne daß irgendeine Arbeitsleistung weiterhin vonnöten wäre. Eine Steigerung erfährt die Arbeitsentlastung noch bei dem zweiten Sohn, der von seinem Meister, einem Müller, einen Goldesel erhält, der auf ein Zauberwort beliebig viele Goldstücke ausspeit. Im Unterschied zum Tischleindeckdich kann der Goldesel jeden Wunsch erfüllen, da man sich für Geld ja alles kaufen kann.

Nährte die lebenslange Arbeit des Schneiders mit der einzigen Ziege die Familie nur kümmerlich, so hat man hier nach kurzer Arbeitszeit endgültig ausgesorgt und kann die Arbeit an den Nagel hängen. Deutlich tritt der Charakter der Wunschfiktion hervor, erwachsen aus der Mühsal handwerklicher Arbeit und dem geringen Gewinn, den man aus ihr ziehen kann. Die Erfahrung, daß noch niemand durch seiner Hände Arbeit reich geworden ist, ruft das Wunder auf den Plan, um endlich den erhofften Geldsegen fließen zu lassen und der Schinderei ein Ende zu setzen. Arbeit, die Arbeit überflüssig macht, ist ein Wunschtraum, der im Märchen Wirklichkeit wird. Arbeit ist keineswegs Lebensaufgabe und Quelle lebenslanger Zufriedenheit, sondern nur Mittel zum Zweck eines möglichst schnellen Wohlstands und eines langen, sorgenfreien und vergnügten Lebens. Fremd ist dem Märchen jede Verklärung dauerhafter Anstrengung, die kaum genug abwirft, um leben zu können. Die Verbreitung solcher Einstellungen lag mehr den oberen als den unteren Schichten am Herzen. Was das Märchen will, ist das Glück, für das man bereit ist, sich kurzfristig, aber stets erfolgreich einzusetzen.

Wo der Vater sich noch ein Leben lang abplagen mußte und dabei verdrießlich und mißtrauisch wurde, schöpfen die Söhne aus dem vollen. In den Söhnen und ihrer erfolgreichen Überwindung der Arbeit entwirft das Märchen die Utopie eines Lebens in Freiheit und Überfluß. Aber das Märchen weiß auch um die Schlechtigkeit der Welt, weit entfernt davon, sie für die beste aller möglichen zu halten. Sowohl der erste als auch der zweite Sohn werden von dem gleichen Wirt, bei dem sie eingekehrt sind, um ihre Wunderdinge gebracht. Auf anderer Ebene wiederholt sich das Motiv der Täuschung aus dem ersten Teil, indem nun das Tischleindeckdich und der Goldesel durch wertlose Duplikate ersetzt werden. Wie sich im ersten Teil Wahrheit und Lüge gegenüberstehen, so stehen sich im zweiten Urbild und Abbild gegenüber. Dort wie hier herrscht der Schein, den der Ahnungslose für das Sein nimmt. In einer Welt fortgesetzter Irreführungen schlägt das Vertrauen in Mißtrauen, das Glück in Unglück um.

Anders aber als im ersten Teil, in dem das Unheil nicht wieder rückgängig gemacht werden konnte, gelangt nun der dritte Bruder, der bei einem Drechsler gelernt hat, mit seiner Leistungsprämie des Knüppels aus dem Sack in den Besitz eines wirkungsvollen Korrektivs. Mit dem auf Befehl herausfahrenden und den Dieb verwalkenden Knüppel gelingt es, die vertauschten Wunderdinge wiederzubeschaffen. Wohlstand und Reichtum ohne wirkungsvollen Schutz sind stets bedroht durch die begehrliche Welt. Das Märchen ist illusionslos genug, nicht auf die moralische Integrität der Menschen und ihre Achtung des Eigentums der anderen zu bauen. Verläßlicher ist in jedem Fall die persönliche Wehrhaftigkeit. Der Knüppel stellt die Ordnung wieder her und hebt alle Täuschungen auf.

Wie seine Brüder vor ihm, so kehrt auch der dritte Sohn ins Vaterhaus zurück. Keiner trägt dem Vater etwas nach, zumal sie selbst getäuscht worden sind. Stärker als das Gefühl persönlicher Verletzung ist das versöhnlich stimmende Gefühl der Familienzusammengehörigkeit. War der erste Teil durch die tragische Entwicklung geprägt, so nimmt im zweiten die Handlung eine glückliche Wende. An die Stelle des Tragischen tritt das Märchenhafte, an die Stelle der Katastrophe das Happy-End. Was für alle Zeiten gescheitert schien, gelingt nun doch noch.

Bemerkenswert ist die Adaption des biblischen Stoffs von der Heimkehr des verlorenen Sohnes. Auf den ersten Blick, sieht man einmal auf den Vater, der seine heimkehrenden

Söhne freudig wieder aufnimmt, scheint die Übereinstimmung mit der biblischen Geschichte zu überwiegen. Doch die Konstellation des Märchens ist grundverschieden. Genutzt wird vor allem die harmonische Struktur des überlieferten Stoffs, weniger seine personalen Akzentuierungen und Wertungen. Ist der Vater in der Bibel gütig, weise und verständnisvoll, so ist der Vater im Märchen jähzornig, kurzsichtig und ungerecht. Repräsentiert der eine, auf Gott selbst verweisend, musterhaftes väterliches Verhalten, so ist der andere ein in Irrtum und Täuschung befangener Choleriker, der zu spät zur Einsicht kommt. In der Bibel ist es der Sohn, der verblendet hinausstrebt aus dem Vaterhaus, und, nachdem er sein Erbteil in der Welt vertan hat, abgerissen und arm heimkehrt. Die Söhne im Märchen aber werden vom Vater ungerechterweise vertrieben und kehren, wegen ihrer Leistung wunderbar beschenkt, reich und mächtig heim. Das Vaterhaus der Bibel ist das Paradies, aus dem sich der Mensch selbst vertreibt, das Vaterhaus des Märchens verwandelt sich erst in ein Paradies durch die Rückkehr der Söhne, die nach der Vertreibung durch den Vater draußen in der Welt reüssierten.

Das Märchen setzt alle Hoffnung auf die junge Generation, der es den Willen und die Kraft zutraut, eine bessere und glückliche Welt im Diesseits zu bauen. Der Bibel gelten materielle Werte nichts, im Märchen geht es darum, sich stets satt essen zu können, Geld zu haben und stark genug zu sein, den materiellen Wohlstand zu verteidigen. Dem weisen biblischen Vater steht im Märchen der Vater gegenüber, der noch an den Errungenschaften der Söhne scheinbar im Recht herumkrittelt, selbst an dem echten Knüppel aus dem Sack, um später noch einmal des mangelnden Vertrauens zu seinen Söhnen überführt zu werden. Das Märchen gestaltet keine auf den Himmel verweisenden Gleichnisse, sondern sich auf der Erde erfüllende Wunschträume, keine geistlich entrückten Erlösungsräume, sondern sinnliche Paradiese. Die weltliche Umdichtung des biblischen Stoffes vom verlorenen

Sohn hebt mit ihrem harmonischen Finale die tragischen Dissonanzen am Ende des ersten Teils auf. Nun können alle die Arbeit wirklich niederlegen, nachdem die ersten beiden Söhne nach dem Verlust ihrer Wunderstücke sich zunächst hatten verdingen und auch der Vater, der schon aufgehört hatte zu arbeiten, hatte weiterarbeiten müssen. „Der Schneider verschloß Nadel, Zwirn, Elle und Bügeleisen in einen Schrank und lebte mit seinen Söhnen in Freude und Herrlichkeit."

Das irdische Paradies ist ausgezeichnet durch Nahrungsfülle, Reichtum und Sicherheit sowie durch die Befreiung vom Zwang der Arbeit. Das Märchen hat den Wunschtraum derer wahr gemacht, die nicht satt zu essen haben, die arm und ungeschützt sind, wenngleich sie sich krumm und schief arbeiten. Das Anti-Märchen eines kargen Lebens provoziert einen märchenhaften Gegenentwurf, so wie auch die Katastrophe des ersten Teils erst den Anstoß gab zum abschließenden Happy-End. Die Ziege aber, das Geschöpf der Lüge und der Täuschung, wird, von der Biene in den Kopf gestochen, zum zweitenmal vertrieben, um dem wahren Sein des Märchens endlich Raum zu geben und die Welt als trügerischen Schein zu entlarven, in der die Arbeit mühsam ist und wenig abwirft und der einzelne noch um seinen gerechten Lohn geprellt bzw. bestohlen wird. Das Märchen wird zum sozialen Gewissen einer Gesellschaft, in der die bedrückende Realität des Mangels und der Mühe die ins Wunderbare gesteigerte Fiktion des Überflusses und der Leichtigkeit hervorruft.

# Fitchers Vogel

**Quelle:** In der Erzählung sind zwei Versionen, vermittelt durch Friederike Mannel und Dortchen Wild, kontaminiert.

**Erstdruck:** KHM I, 1812

Das Märchen gehört in den Umkreis der Verarbeitungen des Blaubart-Stoffs, der auch dem Märchen vom *Räuberbräutigam* und vom *Blaubart* zugrunde liegt. Das *Blaubart*-Märchen nahmen die Grimms wegen der weitgehenden Übereinstimmung mit Perraults *La Barbe-Bleue* seit der zweiten Auflage aus der Sammlung heraus. Zweifellos hat der Stoff bei Perrault seine für die unterschiedlichen Märchenversionen gültige Gestalt gewonnen, so daß man auch bei den beiden Erzählvarianten, aus denen das vorliegende Märchen hervorgegangen ist, von dem Einfluß der französischen Fassung ausgehen muß.

Der Stoff indes ist viel älter. Das älteste Zeugnis bildet die Legende vom heiligen Gildas aus dem sechsten Jahrhundert, niedergeschrieben von Père Albert Le Grand. Es folgte eine Reihe von Neubearbeitungen und Nachdichtungen, auch in märchenhafter Form. Am bekanntesten in der Zeit der Romantik wurde Ludwig Tiecks fünfaktiges Märchenspiel *Blaubart* (1797)

*Fitchers Vogel* folgt den Grundlinien der traditionellen Handlung, ohne allerdings auf das Zentralmotiv des blauen Barts Bezug zu nehmen. Ungewöhnlich sind die schwankhaften Züge, die dem eher düsteren Stoff eine Wendung ins Komische geben. Heroisch kämpferische Akzentuierungen, wie sie durch das Eingreifen der Brüder zur Rettung der bedrängten Schwester gelegentlich realisiert wurden, fehlen, zumindest erscheinen sie stark relativiert. Der auffälligste Unterschied zu konventionellen Bearbeitungen des Stoffs besteht in der Gestalt des Unholds selbst. Während er bei Perrault als reicher Mann und in der von den Grimms ausgeschiedenen Fassung als König auftritt, wird er hier als Hexenmeister eingeführt. Man hat daraus den Schluß gezogen, es handle sich bei Blaubart nicht um einen sadistischen Frauenmörder, sondern um ein dämonisches, nicht menschliches Wesen. Der Gewinn einer solchen Annahme ist jedoch gering. Überdies scheint dadurch die Aussage unnötig mystifiziert, da nach den Gründen der Dämonisierung überhaupt nicht gefragt wird.

Der Hexenmeister ist wie die Hexe verbunden mit Magie und Zauberei. Wie der Magier versucht er, die Umwelt und die Naturgesetze seinem Willen zu unterwerfen und für seine Zwecke zu manipulieren. Hinter der Magie verbirgt sich immer ein selbstherrlicher Machtanspruch, der dem, der ihrer kundig ist, ein quasigöttliches Ansehen verleiht. Der Hexenmeister im Märchen repräsentiert den dämonisch gesteigerten Herrschaftsanspruch des Mannes, der mit magischen Kräften Frauen in seine Gewalt bringt. Ins Bild gesetzt ist damit von vornherein ein herrschaftsbetontes Verhältnis von Frau und Mann, in dem der Mann die ganze, ungeteilte Macht beansprucht. Der Umstand, daß vor allem Frauen, wie auch im vorliegenden Fall, die Märchen vermittelten, erklärt den kritischen Unterton, der gleich eingangs in der abwertenden Dämonisierung des Mannes anklingt.

Nicht durch seine persönlichen Vorzüge und durch aufrichtig bekundete Zuneigung nimmt der Mann die Frau für sich ein. Vielmehr macht er sie sich durch Verstellung und Zauberei gefügig. „Er bat um ein bißchen Essen, und als die älteste herauskam und ihm ein Stück Brot reichen wollte, rührte er sie nur an, und sie mußte in seine Kötze springen." Das Mitleid und das fürsorgende Wesen der Frauen in der Maske des Bettlers schamlos ausnutzend, bringt er sich in den Besitz der ältesten Schwester. Eine ordnungsgemäße

Werbung wie in den anderen Versionen findet nicht statt. Gezeigt werden soll von vornherein die kompromißlose Besitzergreifung. Gegen ihren Willen muß die Frau in die Kötze, in den Rückentragkorb, springen und wird fortgetragen. Die Frau im Korb ist zum Besitz des Mannes geworden, ein Gegenstand, über den er künftig frei verfügen kann.

Das Märchen realisiert den klassischen Tatbestand des Frauenraubs, der als Motiv in einer langen Tradition steht. Immer geht es dabei um die Verletzung der Rechte auf Leben, Freiheit, Ehre und auf den eigenen Körper. Der angewendete Zauber steht für die überlegene Gewalt des Mannes, der aufgrund seiner gesellschaftlichen Stellung mit allen Rechten ausgestattet erscheint, während die Frau ihm und seinen Interessen unterworfen ist. Das Märchen umreißt in bildlich elementarer Darstellung die über Jahrhunderte gültige Situation der Geschlechterbeziehungen und verfolgt im weiteren Handlungsverlauf die zwingenden Konsequenzen aus dem von einseitiger Herrschaft geprägten Verhältnis.

Auf die Frau scheint ein schönes, sorgenfreies Leben im prächtig ausgestatteten Haus des Hexenmeisters zu warten. „Mein Schatz, es wird dir wohlgefallen bei mir, du hast alles, was dein Herz begehrt." Der Mann bestimmt nicht nur äußerlich, sondern auch innerlich über die Frau, indem er vorgibt, selbst Einblick in ihre Herzenswünsche zu haben, die nur er wirklich zu erfüllen vermag. Das Eingeschlossensein im Korb ist mit dem künftigen Dasein im Haus insofern vergleichbar, als der Frau in beiden Fällen jede Bewegungsfreiheit genommen ist. Als Gefangene im goldenen Käfig ist sie zur Kreatur des Mannes verkümmert. Der Reichtum soll sie fortan in den vier Wänden bannen, wo sie den Mann als ihren Ernährer, ihre Lebenserfüllung und ihren Herrn anzuerkennen hat, der sie über ihre Wünsche aufklärt und über alles, was für sie gut oder schlecht ist. Bezeichnenderweise redet immer nur der Mann, während sich die Frau kein einzigesmal in wörtlicher Rede äußert.

Um sich ihrer ganz sicher zu sein, unterwirft er sie einer letzten Gehorsamsprobe, indem er, eine dringende Reise vortäuschend, ihr die Hausschlüssel und ein Ei überreicht mit der Auflage, das Ei sorgfältig zu bewahren und ein bestimmtes Zimmer zu meiden. Der Schlüssel steht seit alters für die Vollmacht, die jemandem eingeräumt wird, wobei der Mann hier die absolute Schlüsselgewalt, die Vollmacht über den gesamten Besitz beansprucht, wohingegen er der Frau nur eine eingeschränkte Befugnis zubilligt. Die auf den ersten Blick belanglose Einschränkung erhält durch die Androhung der Todesstrafe bei Zuwiderhandlung besonderes Gewicht. Das verbotene Zimmer erfüllt eine ähnliche Funktion wie der verbotene Paradiesapfel. In beiden Fällen dokumentiert das Verbot die Stellung des Herrn, der die Macht hat, die Freiheit seiner Geschöpfe einzugrenzen und sie bei Übertretung des Verbots hart zu bestrafen. Wie Gott wirft sich der Mann zum Gesetzgeber und Richter auf.

Das übergebene Ei, in keiner anderen Version zu finden, versinnbildlicht wohl auch hier die Lebenskraft und die elementare Lebensquelle. Entscheidend ist, daß sie sich im Besitz des Mannes befindet, der sie zur Prüfung und Kontrolle vorübergehend unter die Aufsicht der Frau stellt. Auch hier ist ein deutliches Herrschaftsverhältnis gewahrt. Der Mann hat nicht nur die absolute Vollmacht über den materiellen Besitz, sondern auch über das Leben selbst. Er ist der Herr und der Gebende, die Frau nur die Hüterin und die Empfangende.

Der Gang durch das Haus wird erwartungsgemäß zur großen Versuchung, der die Frau am Ende erliegt. Ihre Neugier ist jedoch weniger eine typische weibliche Schwäche, wie in manchen Bearbeitungen dargestellt, als die notwendige Voraussetzung für die Entdeckung des Verbrechens. In einem großen, blutigen Becken stößt sie auf „tote, zerhauene Menschen", hingerichtet mit einem Beil auf einem Holzblock. Hexenmeister und Richter in einer Person, schwingt sich der Mann zum Herrn über das körperliche wie über das seelische

Leben auf. Zwang ausübend und tötend, wendet er psychische und physische Gewalt bis zur gänzlichen Vernichtung des anderen an. Ein Motiv für sein Handeln wird nicht genannt. Offenbar geht es ihm nur um die Demonstration und die Befriedigung seiner Macht, die in der Tötung ihren makabren Höhepunkt erreicht. Nicht von Frauen im besonderen, sondern von Menschen allgemein, die ihm zum Opfer fallen, ist die Rede, eine Variante, die den Machtanspruch noch ausweitet und ins Größenwahnsinnige steigert. Das Märchen aber konzentriert sich im folgenden ausschließlich auf die Mädchenmorde, so daß das eigentliche Blaubart-Motiv dominiert.

Schlüssel und Ei, durch ein Mißgeschick mit Blut befleckt, verraten die Frau und führen zu ihrer Tötung durch die Hand des Hexenmeisters. In radikaler Zuspitzung sieht sich die Frau vor die Alternative zwischen absolutem Gehorsam oder Tod gestellt. Der Mann ist entweder ihr Herr oder ihr Henker, für sie bleiben die Rollen des gehorsamen oder gerichteten Opfers. Drastisch übersteigert erscheint das Verhältnis von Mann und Frau in einer Gesellschaft, die dem Mann alle Rechte einräumt und die Frau praktisch rechtlos macht. Der zweiten Schwester ergeht es nicht anders. Auch sie tappt willenlos in die Falle und findet in der Blutkammer ihr Ende. Wie so oft steigert das Märchen den Eindruck der in Unordnung geratenen Welt durch verstärkende Verdopplung, um die Wiederherstellung der Ordnung um so dringlicher zu machen.

Erst beim drittenmal wird die Serie der Untaten gestoppt. „Er ging nun und holte die dritte, die aber war klug und listig." Die Macht der Stärke ist nur zu brechen durch die Gegenmacht der List. Während in den anderen Versionen Männer der bedrängten Frau zu Hilfe eilen, bleibt hier die Frau in der entscheidenden Phase auf sich allein gestellt und zeigt, daß sie in der Lage ist, ihren Mann zu stehen. Nachdem sie das Ei sorgfältig in Sicherheit gebracht hat, nimmt sie in der Blutkammer ausschließlich ihre zerhackten Schwestern wahr. Von den anderen Menschen ist nicht länger die Rede. Was der Mann zerstückelt und getötet hat, erweckt sie durch Zusammenfügen wieder zum Leben und erweist sich ihm so überlegen. Widerlegt ist damit sein angemaßter Anspruch, mit dem Leben anderer nach seinem Willen verfahren zu können. Nicht er, sondern die Frau ist die Quelle des Lebens, nur aus ihr kann es wiedergeboren werden. Stärker als Macht und Tod erweisen sich Liebe und Lebenskraft, lebensmächtiger als der mordende Mann ist die lebenstiftende Frau.

Mit ihrem klugen Verhalten, vor allem aber mit ihrer Wiedererweckungstat hat sie den Sieg davongetragen über den Mann, der ihr fortan botmäßig sein muß. Als einzige der Schwestern äußert sie sich in wörtlicher Rede, indem sie Anordnungen trifft. Der Hexenmeister wird zu ihrem Knecht, der Gold zu ihren Eltern tragen muß, unter dem die beiden Schwestern versteckt sind. Hatte er sie durch seinen Zauber in sein Haus geschafft, so muß er sie nun kraft ihrer List zurücktragen, ganz wörtlich rückgängig machen, was er verbrecherisch vorangetrieben hatte. Klugheit hebt das magische Unwesen auf. Nicht einmal die unter dem Gold versteckten Schwestern, die ihn antreiben, vermag der Hexenmeister zu entdecken, weil er glaubt, seine Braut säße ihm im Nacken. Er ist der schwankhaft übertölpelte arme Teufel ohne weiteren Einfluß auf die Handlung.

Der einmalige entschiedene Widerstand, das einmalige respektlose Aufbegehren reichen aus, den Mann seiner vorgeblich dämonischen und magischen Kräfte zu entkleiden. Die ihrer eigenen Stärke bewußt gewordene Frau degradiert den Hexenmeister zum Handlanger. Aber damit ist das Märchen von der Selbstbefreiung der Frau aus der Gewalt des Mannes nicht zu Ende. Noch steht die Bestrafung für das selbstherrliche, repressive Verhalten aus. Das Märchen gipfelt in einem regelrecht inszenierten Autodafé. Zur anstehenden Hochzeit veranlaßt die Braut die Einladung der Freunde des Hexenmeisters und stellt einen mit dem Brautkranz geschmückten Totenkopf ins Bodenfenster. Nicht die Braut erwartet den Hexenmeister, sondern der Tod, offen steht ihm nicht das Hochzeitsbett, sondern das Grab.

Seine Braut verwandelt sich in einen wunderlichen Vogel, nachdem sie in ein Honigfaß getaucht war und sich im aufgeschnittenen Federbett gewälzt hatte. Fitchers Vogel aus Fitze Fitchers Haus verweist wohl auf das Gebinde (Fitze) von Federn in ihrem Aufzug, während in Fitcher wortgeschichtlich Feder und Fittich enthalten sind. Als irreführender Wegweiser, als eine Art Lockvogel, weist sie unerkannt die Gäste in das scheinbare Festhaus. Es gelingt ihr, selbst den Bräutigam zu täuschen, der den Totenkopf in der Tat für seine Braut hält. Verflogen scheinen mit einemmal seine magischen Kräfte. Stärker als der männliche Zauber ist die weibliche List, die aus dem Täuschenden den Getäuschten macht.

Jetzt erst, nachdem die Frau alles gerichtet hat, treten ihre Brüder auf, eine Reminiszenz der konventionellen Verarbeitung des Blaubart-Stoffes, hier jedoch ohne wirkliche Funktion, da die Frau selbst die Initiative ergriffen und sich aus eigener Kraft durch die Unterwerfung des Hexenmeisters gerettet hat. Immerhin wirken nun alle mit an der endgültigen Vernichtung der Gegenseite. „Sie schlossen alle Türen des Hauses zu, daß niemand entfliehen konnte, und steckten es an, also daß der Hexenmeister mitsamt seinem Gesindel verbrennen mußte."

Die Frau richtet am Ende über den Mann, der geglaubt hatte, seine Herrschaft über die Frau errichten zu können. Zusammen mit ihm müssen seine Freunde, das ganze Gesindel, verbrennen, das ihm und seinem Denken nahestand. Ein Autodafé also beschließt das Märchen, wobei der Hexenmeister und seine Freunde den Platz der Ketzer einnehmen, die durch einen Akt der Gerechtigkeit ihre angemessene Strafe erhalten. Erst nach der Beseitigung männlicher Herrschaft ist der Weg frei für eine Frau und Mann gleichwertig umschließende Gemeinschaft. Sieht man einmal von dem Gold ab, das der Hexenmeister zu den Eltern schaffen mußte, so ist hier im Unterschied zu anderen Versionen der Hinweis auf den

Reichtum des Mannes, der der Frau zufällt, ausgespart, da es ausschließlich um den ideellen Wert der Befreiung geht.

In einer symbolischen Handlung nimmt das Märchen vorweg, was geschehen müßte, um den Frieden unter den Geschlechtern herzustellen und eine soziale Zukunft zu begründen, in der der Mann seinem einseitigen Machtanspruch entsagt. Eine Entwicklung in diesem Sinn kann es aber nur geben, wie das Märchen nahelegt, wenn die Frau selbst ihre Befreiung betreibt. Die kompromißlose Haltung des Märchens, konsequent empfunden aus weiblicher Sicht, die den zweiten Teil dominiert, in dem auch die Frau die Handlungsmächtige ist, entspringt aus dem Starrsinn des Mannes, der an der Macht festhält, wo gegenseitiges Vertrauen und das solidarische Handeln der Geschlechter vonnöten wären. Männer aber, die nicht lernen wollen, trifft am Ende der Ausschluß aus der weiteren gesellschaftlichen Entwicklung, vorweggenommen in der symbolischen Ketzerverbrennung.

# Von dem Machandelboom

**Quelle:** Von Philipp Otto Runge erstmals aufgezeichnet, abgedruckt in der *Zeitung für Einsiedler,* (1808) seit der vierten Auflage (1843) Rückgriff auf Daniel Runges Bearbeitung.

**Erstdruck:** KHM I, 1812/1843

Für das Märchen wußte Jacob Grimm „kein besseres Beispiel zu nennen, als die von dem seligen Runge in der Einsiedlerzeitung gelieferte Erzählung vom Wacholderbaum ..." (1811). Sie wird ihm in dem zitierten Rundbrief, einem Aufruf zur Sammlung von Märchen, zum „Muster" schlechthin. Wie das Märchen vom *Fischer un syner Fru* ist auch das vorliegende in pommerscher Mundart überliefert und gehört wie jenes zu den urtümlichsten Stücken der Sammlung.

Musterhaft scheint es sowohl in thematischer wie in gestalterischer Hinsicht. In repräsentativer Weise wird das große Märchenthema der Unsterblichkeit sinnlichen Seins aufgegriffen, wie es auch den Märchen vom Froschkönig, von Aschenputtel, Dornröschen und Schneewittchen zugrunde liegt, allerdings archaischer und in größerer symbolischer Dichte und poetischer Konkretheit. Gestalt gewinnt gerade hier das Märchen als symbolische Erzählform, als Manifestation von Sinn in sinnlichen Zeichen. Die einzelnen Requisiten fügen sich zu einem anschaulichen Kosmos des Lebenssinns, der in den Dingen lebt und daher auch nur in ihnen wahrgenommen und durch sie ausgesagt werden kann. Das Märchen ist erzählte Vergewisserung der Welt in Sinnbildern, Gestaltung einer symbolischen Wirklichkeit, in der sich in der Erscheinung das Wesen offenbart und sich das Wesen in der Erscheinung verwirklicht. Dem Wunderbaren wie dem

Schrecklichen, im Märchen als wirklich vorgestellt, kommt niemals individuelle Realität zu, sondern stets nur kollektive Bedeutung. Was geschieht, ist kein tatsächliches Ereignis, sondern sich ereignender Sinn.

Im Märchen vom Machandelboom oder Wacholderbaum erfüllen sich Inhalte und Strukturen märchenhafter Welterfassung in exemplarischer Weise. Den Titel bildet nicht der Märchenheld, sondern das zentrale Dingsymbol, Verweis auf die umfassende, in allen Lebewesen gleichermaßen wirksame Lebenssubstanz. Die besondere Lebenskraft, die man dem Wacholder schon früh zusprach, hängt mit seinen immergrünen Nadeln und seinem hohen Lebensalter zusammen, das sechshundert bis achthundert Jahre umfassen kann. Im Märchen erfüllt sich der Wunsch nach einem Kind endlich unter einem Wacholderbaum, nachdem bisher alle Hoffnungen vergeblich gewesen waren.

Verstärkt wird die symbolische Aussage durch die apfelschälende Frau. Äpfel galten bei Römern und Germanen als besonders vitalisierend. Durch den regelmäßigen Verzehr der Äpfel, die die germanische Göttin Idun in einer Truhe aufbewahrte, verjüngten sich die Götter immer wieder. Zu Apfel und Wacholder tritt das Blut, das aus dem Finger der Frau, nachdem sie sich geschnitten hat, in den Schnee fällt. Das warme Blut, die Lebenswärme, wird den Schnee schmelzen und die Erstarrung aufheben, so daß die lebendige Entwicklung weitergehen kann. Die Häufung sinnidentischer Symbole, charakteristisch für märchenhaftes Erzählen, verstärkt den zukunftsgewissen Charakter der Aussage.

In den folgenden neun Monaten reift das junge Leben heran, begleitet von sinnbildhaften Vorgängen in der Natur. Nachdem der Schnee vergangen und alles grün geworden ist, dringen die Blumen aus der Erde, und der Saft schießt in die Bäume. Dem Blühen folgt das Reifen der Früchte, bis die Frau selbst nach neun Monaten einen Sohn zur Welt bringt, der nach ihren Wünschen so weiß wie Schnee und so rot wie Blut ist, in dessen Körper das Leben pulsiert. Die Frau aber, nachdem sie von der Lebensfrucht entbunden ist, stirbt und wird unter dem Wacholder begraben.

Ein gleichnishafter Vorgang gewinnt Gestalt. Als Empfangende, Trägerin und Gebärerin des Lebens steht die Frau allgemein für immer wiederkehrende Lebensvorgänge, in deren Verlauf das Alte dem Neuen Platz macht. Deshalb die Parallelisierung mit der vegetativen Natur, in die der Mensch ohne den Anspruch auf eine Sonderstellung eingelassen ist. Im Kind erfüllt sich der Wunsch nach Wiedergeburt und Weiterleben. Die Frau kehrt zurück zur großen Mutter Erde, aus der alles Leben kommt, auch der Wacholderbaum, durch den die Lebenskraft wirksam geworden war. Anfang und Ende der Fruchtbarkeit liegen in seinem Bezirk und fügen sich hier zum unsterblichen Zyklus. Ähnlich wie in *Schneewittchen,* mit dem das Märchen vom Wacholderbaum in Aussage und Struktur verwandt ist, folgt auf die Entwicklung die Bedrohung des Daseins, die konsequent in das Sterben mündet. Anfang und Ende, Geburt und Tod, Hymnus und Drama des Lebens liegen nahe beieinander.

In der dialektischen Erzählstruktur des Märchens erscheint der Tod als Seinswiderspruch, der die eigentliche Konflikthandlung in Gang setzt und nach Auflösung drängt. Repräsentiert die erste Frau das Hervorbringende und damit das Gute, so die zweite das Vernichtende und das Böse. „... un de Böse gaf ehr dat in, dat se dem lüttjen Jung ganß gramm wurr ...“ Für die zweite Frau ist nicht das Leben an sich schützenswert, sondern das in der Gestalt der mitgebrachten Tochter ihr persönlich nahestehende Leben. Aber solche exklusiven Haltungen sind dem universellen Empfinden des Märchens fremd und verlangen nach Revision.

Vom Dämon der Vernichtung getrieben, trachtet die Frau danach, den Stiefsohn zu beseitigen. Zum fatalen Requisit wird die Apfelkiste, vielleicht eine Anspielung auf Iduns Truhe mit den goldenen Lebensäpfeln, hier jedoch auf den ersten Blick in ihren Gegensinn verkehrt. In böser Absicht erlaubt sie dem Jungen, einen Apfel aus der Kiste zu nehmen.

„Un as sik de lüttje Jung henin bückd, so reet ehr de Böse, bratsch! slöög se den Deckel to, dat de Koop afflöög un ünner de roden Appel füll." Die grausame Tötungsszene, boshaft und arglistig herbeigeführt, deutet aber bereits im Sinnbild das Vergebliche und Sinnlose des verbrecherischen Tuns an. Der abgeschlagene Kopf fällt unter die Äpfel, die mit der ihnen innewohnenden Lebenskraft und ihrer Fülle das, was geschehen ist, zu widerlegen scheinen. Der böse Wille, das wird hier schon erkennbar, ist letztlich machtlos gegen die Vitalkraft der Natur, die das Tote aufnimmt und es wieder einbettet in den Zusammenhang des Lebens.

Mit der Enthauptung des Jungen hat das Lebensdrama zunächst seinen katastrophalen Höhepunkt erreicht. Markant tritt der Widerspruch zum ersten Teil hervor, indem das Kind, dort zur Welt gebracht, hier schon wieder aus der Welt hinausgestoßen wird. Das Auslöschen des Kindes macht die eingangs geschilderte Entwicklung rückgängig und scheint das Sein selbst zu verneinen.

Mit dem Tod des Jungen ziehen Täuschung, Irrtum und Lüge ein. Aus Angst fügt die Frau Kopf und Rumpf des Getöteten wieder zusammen und setzt ihn mit einem Apfel in der Hand vor die Tür. Doch die Mörderin kann ihr Opfer nicht wiedererwecken, da sie ausschließlich von destruktiven Kräften beherrscht und geleitet ist. Nur eine mechanisch zusammengeflickte Attrappe bringt sie hervor, den Schein des Lebens, das sie zerstört hat. Mit der plumpen Maskerade gelingt es ihr, die eigene Tochter zu täuschen und ihr schließlich das Bewußtsein der Schuld am Tod des Bruders aufzuladen. Der Mord zerstört die primären Beziehungen zwischen Mutter und Tochter. Der aufrichtigen Trauer Marleenkens stehen die Verstocktheit und die Arglist der Mörderin gegenüber.

Aber nicht nur die Tochter, sondern vor allem auch den Vater gilt es zu täuschen. Ihm wird das als Schwarzsauer angerichtete Fleisch des zerstückelten Sohnes vorgesetzt. Nach der verleumderischen Belastung der Tochter belügt und täuscht die Frau nun auch den eigenen Mann, dem sie die Aufgabe zuschiebt, die Spuren der gräßlichen Tat zu tilgen. Aber wie schon bei der Tötung selbst, als der abgeschlagene Kopf zwischen die Äpfel fiel, deutet sich auch hier, diesmal in symbolischen Handlungen, der Beginn einer Gegenbewegung an. Alles, was die Frau tut, ihr Vernichtungswerk zu vollenden, erweist sich im weiteren Verlauf als der Anfang einer neuen, aufbauenden Entwicklung. Die List der Natur bedient sich der unfreiwilligen Hilfe der Mörderin. Noch die destruktiven Energien sind darauf gerichtet, den Lebensakt zu vollziehen.

Der Vater, der den eigenen Sohn verspeist, fügt beim Essen symbolisch wieder zusammen, was die Frau zerstückelt hatte, wobei das Zerstückeln die Voraussetzung bildet für das Zusammenfügen im Vater, von dem der Sohn seinen Ausgang genommen hatte. Das gezeugte Leben kehrt an den Ort seines potentiellen Ursprungs zurück. Anders als beim sogenannten Atreusmahl, bei dem ebenfalls ein Vater seine Söhne verspeist und daraufhin der Sonnengott seinen Lauf umkehrt, gibt es hier Anklänge an den magischen Kannibalismus, bei dem die Kraft des Gegessenen auf den Esser übergehen soll.

Wie der Vater, so fügt auch die Stieftochter, die beide aufrichtige Trauer zeigen, in einer symbolischen Handlung das Zerstückelte wieder zusammen. In einem Tuch sammelt sie die Knochen, die der Vater unter den Tisch wirft, und legt sie unter den Wacholderbaum. Dabei empfindet sie ähnlich wie der Vater beim Essen ein Glücksgefühl, das die Trauer zu verdrängen beginnt. Nach altem Volksglauben, besonders in archaischen Jagdbräuchen, galt es, die Knochen des erlegten und verzehrten Jagdtiers zu sammeln und zusammenzulegen, um es wieder zum Leben zu erwecken. Der destruktive fordert den konstruktiven Akt ein, weil nur so die Verantwortung vor dem Leben und seiner Erhaltung wahrgenommen werden kann. Töten und Zerstückeln bilden die Bedingungen der Wiederbelebung. In den archaischen Bräuchen spiegelt sich der geglaubte Zusammenhang von Tod und Wiedergeburt, der den eigentlichen Aussagekern des vorliegenden Märchens ausmacht.

Spätestens mit dem Niederlegen der Knochen unter den Wacholderbaum beginnt nach der Geburtshandlung und der Gegenhandlung des Tötens ein dritter auf die Lösung des Widerspruchs hindrängender Teil. Wo die Erwartung des Lebens einst ihren Anfang genommen hatte und die Mutter begraben liegt, ist konsequent auch der Ort der begonnenen Wiederbelebung. „Mit des so güng dar so'n Newel von dem Boom, un recht in dem Newel dar brennd dat as Führ, un uut den Führ dar flöög so'n schönen Fagel heruut ..." In einer vertiefenden symbolischen Reihung, von der Erscheinung zum Wesen vordringend, vollzieht sich die Wiedererweckung. Der Nebel geht von dem Feuer als lebenschaffender Macht aus, wie der Nebel im Volksglauben oft in Verbindung gebracht wurde mit dem Backen, Braten und Kochen der Tiere, der Riesen, der Zwerge und anderer mythischer Wesen. Aus dem Feuer entsteht als Ergebnis der Umwandlung der Vogel, in dem die Vitalkraft des Getöteten sichtbare Gestalt annimmt. Am Ende des Wiederbelebungsprozesses sind die Knochen unter dem Baum verschwunden.

Das Leben selbst ist wesentlich unsterblich, nur seine individuellen Erscheinungsformen können zerstört werden. Nach der Wiedergeburt der Vitalkraft aus den Knochen richtet sich die zweigeteilte Handlung des dritten Teils auf die Reaktualisierung kindlichen Lebens. Stand im ersten Teil die empfangende und gebärende Frau im Zentrum, deren Platz in der Gegenhandlung des zweiten Teils die zerstörerische zweite Frau einnahm, von der der Mann und die Tochter positiv abgehoben wurden, so dominiert im abschließenden Teil der Vogel. Sein Lied enthält im Rückblick noch einmal alle Stationen der Wiedergeburt: das Töten, das Verspeisen, das Sammeln der Knochen und die Wiederbelebung unter dem Wacholderbaum, dem zentralen Dingsymbol der Erzählung und ihr eigentliches motorisches Element. Es ist der berükkende Gesang von Tod und Wiedergeburt, von der Schönheit unvergänglichen Lebens, ein Gesang, der jeden, der ihn hört, verzaubert. Eingegangen ist das Lied in abgewandelter Form in die Kerkerszene von Goethes *Urfaust,* wo es, von Margarete vorgetragen, der Eingekerkerten und Todgeweihten zum Ausdruck ihrer Sehnsucht nach Freiheit und Leben wird.

Im Märchen sind alle, ob der Goldschmied, der Schuster oder der Müller, fasziniert und bereit, dem Vogel etwas zu schenken, wenn er noch einmal das Lied anstimmt, noch einmal von dem Leben singt, das immer wieder über den Tod triumphiert. Sinnbildlich zu verstehen sind die Geschenke. Die goldene Kette symbolisiert die Unendlichkeit des Lebens, das fortzeugend Glied an Glied schmiedet, ohne Anfang und Ende. Sie steht für das In-sich-Geschlossene Vollkommene und Ewige. Den Vater, dem der Vogel sie als Geschenk überwirft, zeichnet sie aus als Vertreter der Zeugungskraft, als Träger lebenschaffender Potenz. Die roten Schuhe, die Gabe für Marleenken, stehen ähnlich wie in *Aschenputtel* für den Mutterschoß, in dem das junge Leben nach der Befruchtung heranreift und Gestalt annimmt. Zeugen und Empfangen formen als elementare Vorgänge die Kette des Seins. Beschenkt werden Vater und Tochter, nachdem beide vorher in symbolischen Handlungen zusammengefügt hatten, was böser, zerstörerischer Wille getrennt hatte. Unbestechlich ist das Leben selbst, das die belohnt, die für seine Fortdauer und seine Bewahrung eintreten, die aber bestraft, die es vernichten wollen.

Angst befällt die Frau, als der Vogel sein Lied singt, weil sie das Gericht ahnt, das über sie hereinbrechen wird. Ihre Angst ist Eingeständnis ihrer Schuld, die den Schuldspruch und die Hinrichtung der Schuldigen herausfordert. „Un as se uut de Döhr köhm, bratsch! smeet ehr de Fagel den Mählensteen up den Kopp, dat se ganß tomatscht wurr." Der Stein ist die angemessene Gabe für die Mörderin. Er verweist sowohl auf ihr versteinertes Herz als auch auf ihr lebensfeindliches Handeln. Vor allem aber, belegt in den deutschen Rechtsaltertümern, bedeutet der herabgeworfene Mühlstein eine mythische Todesstrafe.

Nach der Auszeichnung der lebenstiftenden und der Hinrichtung der lebenvernichtenden Kräfte ist die Ordnung wiederhergestellt. Jetzt kann der Junge aufs neue eintreten in das Leben, aus dem er so brutal hinausgestoßen worden war. Mit der Überwindung der Gegenhandlung hat sich die dialektische Erzählstruktur erfüllt. Der Tod als Seinswiderspruch ist aufgehoben. Zurückgekehrt ist das Kind als sinnbildliche Verkörperung der Lebenshoffnung. Keine individuellen Figuren treten auf, sondern Repräsentanten überindividueller Kräfte. Das Märchen wird zur Parabel von der kollektiven Unsterblichkeit.

# Dornröschen

**Quelle:** Zugrunde liegt eine Erzählung von Marie Hassenpflug, in die Anregungen von Perraults *La belle au bois dormant* (1697) eingegangen sind.

**Erstdruck:** KHM I, 1812

Wie in den Märchen vom Schneewittchen und vom Machandelboom leitet auch hier der Wunsch einer Frau nach einem Kind die Erzählung ein. Im besonderen Maß ist das Märchen mit der Weitergabe des Lebens befaßt, weil der Mensch sich vor allem als Naturwesen begreift, aufgerufen, an dem Fortbestand der natürlichen Wirklichkeit mitzuwirken, den Faden des Lebens niemals abreißen zu lassen.

Ein Frosch verkündet der Königin im Bade, daß sie in Jahresfrist eine Tochter zur Welt bringen wird. Natur und Mensch sind eng miteinander verbunden, aus ihr wächst ihm die Erfüllung seiner sehnlichsten Wünsche zu, sofern er sich ihr zuneigt und imstande ist, ihre Sprache zu verstehen. Das Wasser und der ihm zugehörige Frosch sind alte Sinnbilder der Lebensentstehung. Wie das Wasser der Ursprung aller Dinge und Lebewesen ist, so gilt der Frosch wegen seiner großen Fruchtbarkeit als elementarer Lebensträger. Im Froschquaken meinte der Volksglaube das Geschrei ungeborener Kinder zu hören.

Das in der Sprache der Natur Prophezeite trifft ein, und die Königin wird Mutter eines Mädchens. Mit dem Eintritt in die Welt erfüllt sich aber nicht nur der Lebenswunsch, zugleich werden die Gefahren sichtbar, die auf das Neugeborene warten, da die äußere Wirklichkeit im Unterschied zum Schutzraum des Mutterschoßes immer auch eine Quelle von

Bedrohungen und Risiken darstellt. Einmal aus dem mütterlichen Innenraum in die Außenwelt entlassen, beginnt der Kampf ums Überleben. Radikalisieren die oben genannten Märchen den Verlust des Innenraums durch den Tod der Mutter, so daß das Kind zunächst schutzlos ausgeliefert erscheint, so bleibt die Mutter hier zwar erhalten, aber dennoch treten bereits bei der Geburtsfeier Bedrohungen auf, die fundamental darauf aus sind, das junge Leben auszulöschen.

Zunächst aber umgeben die zwölf weisen Frauen das Kind mit ihrem Schutz, indem sie es mit Tugend, Schönheit und Reichtum beschenken und es damit ausrüsten für ein integres und erfülltes Leben. In ihnen mag man die Feen nach französischem Vorbild wiedererkennen, die Beschützerinnen der Unschuld und die Erfüllerinnen der Wünsche, deren Weissagungen (fari = sprechen, bekennen) Wirklichkeit stiften. Der volkstümlichen deutschen Märchentradition ist die Fee indes weitgehend fremd. Weise Frauen nannte man auch die Hebammen, die im Brauchtum das Neugeborene durch ihr geheimes Wissen und besondere Hausmittel gegen Dämonenmacht zu schützen versuchten. Zu denken ist überdies an die Nornen, die nach der altnordischen Sage zu jedem Neugeborenen kommen, sein Leben zu bestimmen, wobei in gute und böse Nornen unterschieden wird, die Glück bzw. Unglück bringen.

Auf jeden Fall repräsentieren die zwölf Frauen die Ganzheit heilbringender Kräfte, die dem Kind das Überleben in einer gefahrvollen Welt ermöglichen sollen. Zwölf gilt als Zahl der Vollkommenheit. Zwölfgeteilt ist der jährliche Sonnenlauf. Nach der Offenbarung trägt der Baum des Lebens zwölfmal im Jahr Früchte. In der Fülle des Heils geborgen, scheint das Kind allen Verletzungsdrohungen enthoben.

Erst der Auftritt der dreizehnten Frau, die man nicht eingeladen hatte, weil man nur über zwölf Teller verfügte, stört die Wohlausgewogenheit und Harmonie nachhaltig. Auf sie, die die Vollkommenheit der Zwölf einfach durch ihr dreizehntes Dasein stört, ist man in dem eigenen geschlossenen Lebenskreis nicht eingerichtet. Dreizehn als Unheil kündende Zahl mag zu tun haben mit dem dreizehnten Monat im Schaltjahr, am Südhimmel im Tierkreiszeichen des „Unglücksraben". Mit ihm sind das vertraute rhythmische Gleichmaß und die ausgewogene Ordnung gestört. Im Tarotspiel zeigt die Karte 13 den Tod mit der Sense. Was die dreizehnte Frau zu verkünden hat, ist in der Tat den Tod: „Die Königstochter soll sich in ihrem funfzehnten Jahr an einer Spindel stechen und tot hinfallen." Auf der Schwelle zur Geschlechtsreife soll dem Leben des Mädchens ein Ende gesetzt werden.

Auf den ersten Blick scheint die Rachsucht der Unheilsbotin unangemessen. In der sinnbildhaften Sprache des Märchens aber begegnet den Menschen hier die tödliche Bedrohung ihres Daseins, die sie aus ihrem Alltag verdrängt hatten. Nur zwölf Teller stehen zur Verfügung, an den dreizehnten, der aus der schönen Ordnung herausfällt, hatte man nicht denken wollen. Mit der dreizehnten Frau dringen Tod und Ende in den wohlgerundeten Daseinskreis ein und brechen ihn auf. Gleichzeitig mit der Geburt tritt der Tod auf, weil jedes Sein, das auf die Welt kommt, ein Sein zum Ende ist. Ein Lebensplan, der das Todesbewußtsein ignoriert und das Ende ausschließt aus der Sinngebung des Lebens, ist brüchig und unweise. Auch die dreizehnte gehört ja zu den weisen Frauen, denn weise ist es, sich der Begrenztheit aller Existenz bewußt zu sein.

Aber für das Märchen, mit der stets wiederkehrenden Erneuerung der Natur vor Augen, bedeutet der Tod kein unaufhebbares Ende. Sein Schlußakzent bildet gleichzeitig immer wieder den Auftakt zu einem neuen Anfang. Insofern hat nicht die dreizehnte, sondern die zwölfte der weisen Frauen das letzte Wort. Sie schließt den Daseinskreis wieder, indem sie den verhängten Tod in einen hundertjährigen Schlaf umwandelt, aus dem es ein Wiedererwachen geben wird. Hundert meint einfach eine lange Wartezeit. So müssen die armen Seelen hundert Jahre auf ihre Erlösung warten, und die sieben Brüder, die Siebenschläfer, schliefen nach der Legende hundert Jahre in einer Höhle, in die sie sich vor den Verfolgungen gerettet hatten, und wachten wohlbehalten wieder auf.

Im Märchen bedeutet Schlaf die Ruhephase zwischen den Zuständen des Endes und des Neuanfangs. Im menschlichen Bereich zwischen einer abgeschlossenen und einer neu einsetzenden Entwicklung, im Einzelleben wie in der Generationenfolge. Im umfassenden Sinn bedeutet Schlaf, daher symbolisch auf neues Werden verweisend, den Rückzug vegetativen Lebens im Winter, den Winterschlaf, aus dem die Natur in neuer Schönheit und Fülle erwacht. Absterben und Auferstehen bilden im Sinnbild des Jahreslaufs den zwölfmonatigen Zyklus, wie er sich in den zwölf Frauen verkörpert, wobei das todbringende Wirken der dreizehnten jeweils wieder überwunden wird. Der Tod bereitet dem neuen Leben in der vegetativen wie in der menschlichen Welt als einem Teil der ersten den Weg. Darin besteht sein tiefster Sinn. Erst die Erkenntnis seiner Aufgabe im zyklischen Geschehen nimmt ihm seinen düsteren Anschein und überwindet die Angst. Durch den Einbruch des Todesbewußtseins in die Geburtsfeier vertieft sich die Szene zu einer fundamentalen existentiellen Situation, in der die Pole und die zyklische Natur des Daseins hervortreten. Das Erleben der immer wieder siegreichen Lebenskräfte setzt ein Sicheinlassen mit dem Tod wie mit allen Endzuständen und die Überwindung der Angst vor ihrer Macht voraus.

Die folgende Handlung entfaltet die in der Eingangsszene angelegten Impulse. Wie unter einem inneren Zwang begibt sich das Mädchen in seinem fünfzehnten Lebensjahr an den Ort, wo sich die Prophezeiung erfüllen soll. Fort aus seiner vertrauten Umgebung führt es eine schmale Wendeltreppe in einen alten Turm hinauf vor eine Tür, die, nachdem es den Schlüssel umgedreht hat, von selbst aufspringt, Verweis auf den vorherbestimmten Eintritt in einen neuen Lebensbereich. Die Engführung der Treppe deutet einen Verlust an Weite und Bewegungsfreiheit an. Dazu treten die Spuren des Alters, der alte Turm selbst und der verrostete Schlüssel, sinnbildliche Zeichen eines Endzustands.

Im Turmzimmer nimmt das Mädchen die Spindel in die Hand, um selbst zu spinnen, sticht sich in den Finger und versinkt in einen tiefen Schlaf. Die Symbolik der Turmszene ist von auffälliger Ambivalenz. Der Engführung stehen das Emporsteigen wie das Aufragende des Turmes gegenüber. Die Tür mit dem verrosteten Schlüssel öffnet sich und gibt den Blick frei auf eine alte spinnende Frau, vielleicht die dreizehnte der weisen Frauen selbst. Das, was zum Todesstachel werden sollte, ist aber verbunden mit der Tätigkeit des Spinnens, aus dem wie aus dem Weben nach sinnbildlichem Verständnis der Faden des Lebens hervorgeht. Von altersher sind Spinnen und Weben mit Muttergottheiten verknüpft worden. Auch das Mädchen will spontan, seiner weiblichen Bestimmung folgend, am Fortspinnen des Lebens mitwirken.

Aber vor dem Eintritt in die neue Lebenssphäre muß zunächst das Mädchenhafte absterben, damit die Frau auferstehen kann. Im Turmzimmer, abgeschieden von allen anderen, vollzieht sich der rite de passage. Erst nach dem vollzogenen Übergang kann das Mädchen, das zur Frau geworden ist, mitwirken an dem zyklischen Geschehen der Natur, symbolisch vorgebildet in der spiralförmigen Führung der Wendeltreppe, auf der die Initiantin zu einer höheren Entwicklungsstufe emporsteigt.

Im Stadium des Übergangs vom Mädchen zur Frau fällt alles in der Lebensumgebung der künftigen Königin, aus der das neue Leben geboren werden soll, in einen tiefen Schlaf. Menschen und Tiere, die lebensstiftenden Elemente des Feuers und des Windes, die gesamte Natur um das Schloß herum versinken in einen Zustand der Erstarrung. Das Leben im Umkreis der Märchenheldin auf der Schwelle zur Frau verharrt in der Erwartung fruchtbarer Erneuerung. Allein die Dornenhecke wächst immer höher um das Schloß, den

Reifeschlaf des Mädchens bewachend und alles abwehrend, was vor der Zeit einzudringen versucht. Die Natur selbst nimmt sich der werdenden Frau an und birgt sie in ihren Schutz, damit das Leben nach angemessener Frist weitergehen kann. Unmöglich ist es den vor der Zeit angelangten Königssöhnen, die Hecke zu durchdringen, weil alles Wachstum, das zur Reife gelangen soll, der notwendigen Schutz- und Zeiträume bedarf.

Erst jetzt taucht der Name Dornröschen für die schlafende Königstochter auf, ein Name, der vordergründig auf ihren geschützten Zustand hinter der Dornenhecke Bezug nimmt. In einem tieferen Sinn erinnert der Name aber auch an den Stich mit der Spindel, eine mögliche Anspielung auf den Dorn, mit dem Odin die ungehorsame Walküre Sigrdrifa (Brynhild) stach, so daß sie in einen Zauberschlaf versank. Beides ist im Namen Dornröschen enthalten: Lust und Leid, das Erblühende und das Verletzende. In der Ambivalenz des Namens spiegelt sich die Opposition der zwölf heilbringenden Frauen auf der einen und der unheilbringenden dreizehnten auf der anderen Seite. Der Name bezeichnet das Stirb und Werde im Menschenleben wie in allem natürlichen Leben überhaupt. Das Mädchen im Übergang zur Frau unterliegt dem zyklischen Geschehen wie alles in seinem Umfeld. Es ist Teil des Ganzen und zugleich dessen verkörpertes Sinnbild.

Das Zeitbewußtsein des Märchens ist weniger linear historisch als zyklisch. Daher dürfen Zeitangaben nicht allzu wörtlich genommen werden. Vor allem liegt hier der Grund dafür, daß im Märchen keine historisch einmaligen Gestalten auftreten, sondern wiederkehrende, gegeneinander austauschbare typische Vertreter zyklischer Erneuerungsprozesse. Das Märchen lebt in der Welt natürlicher Entwicklungen und Werdegänge, zwischen Welken und Blühen, Sterben und Auferstehen, Schlafen und Erwachen. Was immer und überall gleichbleibt, ist die Lebenssubstanz, die sich als das eigentlich Beharrende in den wechselnden Zuständen stets neu verwirklicht. Dornröschen ist die repräsentative Vertreterin dieser Substanz im Übergang von einem Leben, das in ihm Gestalt angenommen hat, zu einem Leben, das weiterzugeben die junge Frau berufen ist. Der Initiationsprozeß zielt ab auf die Überwindung des passiven Lebensgenusses um der aktiven Mitgestaltung des Lebens willen.

Das Weibliche bildet aber nur den einen Teil der Lebenssubstanz, die zu ihrer fruchtbaren Verwirklichung der Vereinigung mit dem Männlichen bedarf. Mann und Frau spielen dabei ihre natürlichen Geschlechterrollen, ohne daß das Märchen hier an die Überordnung der einen über die andere denkt. Der rechte Königssohn kommt nach Ablauf der hundert Jahre, nach dem Abschluß der Reifezeit und des abgeschlossenen Übergangs Dornröschens vom Mädchen zur Frau. „Als der Königssohn sich der Dornenhecke näherte, waren es lauter große schöne Blumen, die taten sich von selbst auseinander und ließen ihn unbeschädigt hindurch ..." Deutlich wird das frühlingshafte Erblühen der Natur mit dem jungfräulichen Heranreifen parallelisiert. Der in manchen Gegenden übliche Name Dornrösli für die Heckenrose verweist auf die geheime Identität der Blumen mit dem schlafenden Mädchen. Jetzt erst kündigt sich die fruchtbringende Phase an. War vorher immer nur von der Dornenhecke und den Dornen die Rede, so sind es nun die Blumen, die hervortreten, Hinweis auf den jahreszeitlichen Wandel vom Winter zum Frühling.

Um Dornröschen zu erreichen, muß der Königssohn den gleichen Weg wie einst das Mädchen nehmen, der den Turm hinauf in die kleine Stube führt. Wie selbstverständlich schlägt er die richtige Richtung ein, weil die Natur ihn und Dornröschen dazu bestimmt hat, Leben weiterzugeben. Zwar werden weder die Wendeltreppe noch das Spinnen wieder aufgenommen, dennoch sind sie als Reminiszenzen präsent und bilden weiterhin den symbolischen Hintergrund. Auch der Königssohn, indem er die Treppe emporsteigt, fügt sich ein in das zyklische Werden und in die ansteigende Entfaltung des Lebens, die mit dem Eintritt in die Stube, in der Dornröschen schläft und in der einst sinnbildlich der Faden des Lebens gesponnen worden war, ihrem Höhepunkt zustrebt.

Dort kommt es zur Begegnung der Geschlechter. „Da lag es und war so schön, daß er die Augen nicht abwenden konnte, und er bückte sich und gab ihm einen Kuß. Wie er es mit dem Kuß berührt hatte, schlug Dornröschen die Augen auf, erwachte und blickte ihn ganz freundlich an." Dezent deutet der Kuß die Vereinigung an, die das Leben wieder auferstehen läßt. Dornröschens Erwachen ist der Beginn einer neuen Lebensphase, die sich stets ereignet, wo Weibliches und Männliches sich finden, den Zyklus des Werdens, wie er aller Natur zugrunde liegt, aufrechtzuerhalten. Wo immer dies geschieht, siedelt das Märchen seine Schlösser an, in denen die Lebensfeste gefeiert werden und in denen Prinz und Prinzessin, nachdem der König und die Königin ihre Aufgabe erfüllt haben, in der ersten Reihe stehen, das Leben weiterzugeben.

# Schneewittchen (Sneewittchen)

**Quelle:** mündliche Version, vermittelt durch die Familie Hassenpflug aus Kassel, wahrscheinlich durch Marie Hassenpflug.

**Erstdruck:** KHM I, 1812

Ein Zustand persönlicher Einkehr und des Friedens leitet das Märchen ein. Das Genrebild der nähenden Königin am Fenster mit dem Blick nach draußen in die Winterlandschaft gewinnt schon bald durch den Wunsch nach einem Kind an Tiefe. In der Königin bildet sich die herausgehobene Stellung der Frau als Lebensträgerin und Gebärerin ab. Mitten im Winter verweist ihr Wunsch auf das noch ruhende, aber schon bald wieder hervorbrechende Leben. Selbst den Schneeflocken scheint durch den Vergleich mit den Federn das Kalte und Leblose genommen.

Der Blick ist von drinnen nach draußen gerichtet, offen für das, was in der Natur seinen Lauf nimmt. Im Vorgang des Nähens, des Zusammenfügens zweier Teile, spiegeln sich bereits die innige Verbundenheit von Mutter und Kind und die fortzeugende Bewegung des Lebens selbst, gegenwärtig nicht zuletzt in den auffällig gesetzten Farben. Rot und Weiß deuten auf Blut und Licht. Schwarz ist die Farbe der Erde. Aus dem Blut, dem Licht und der Erde erwachsen die fundamentalen Lebenskräfte.

Die einleitende idyllische Szene vertieft sich zum Sinnbild einer im Mütterlichen ruhenden und aus dem Mütterlichen stets neugeborenen Welt. Willig erfüllt die Frau ihre Aufgabe als königliche Mutter auf dem Höhepunkt ihrer natürlichen Entwicklung. Die einleitende Szene ist im ganz wörtlichen Sinn Vorbild und Maßstab für das folgende Geschehen.

Der Winter ist das Ende des Alten und der Übergang zum Neuen, das er bereits in seinem Schoß trägt. Individuelles überlebt kollektiv in dem, was es weitergibt. Nach der Geburt der Tochter stirbt die Mutter. Mit ihrem Tod setzt die eigentliche Konflikthandlung ein. Auf das Glück folgt die Gefährdung, auf die Geburt der Kampf ums Überleben. Im harten Kontrast stehen sich in der Mutter und in der Stiefmutter Weite und Enge, liebende Öffnung und egozentrische Verengung gegenüber. Fiel der Blick der ersten aus dem Fenster in die Weite des Lebens, an dem mitzuwirken sich die Schauende wünschte, so fällt der Blick der zweiten in den Spiegel, der immer nur das eigene eitle Selbstbild zurückwirft. Nicht die Weitergabe des Lebens liegt ihr am Herzen, sondern einzig die leblose Reproduktion des eigenen Konterfeis.

Im siebenten Lebensjahr Schneewittchens, nach dem ersten Gestaltwandel des Kindes und dem Hervortreten mädchenhafter Anmut, bricht der Konflikt zwischen den Generationen unversöhnlich hervor. Der Anspruch der älteren Frau, die Schönste zu bleiben, widerspricht dem zyklischen Lauf der Natur und läßt eine zutiefst widernatürliche Haltung erkennen. Das Mädchen auf der aufsteigenden Linie des Lebens, in seiner Jugend tausendmal schöner als die Alternde, erinnert die, deren Leben sich bereits zu neigen beginnt, an die eigene, nicht eingestandene Vergänglichkeit, daher muß es beseitigt werden. Mit Schneewittchens Lunge und Leber, im Volksglauben neben dem Herzen der Sitz der Lebenskräfte, will die Königin in einem Akt kannibalischer Magie sich selbst wieder verjüngen. Alles muß ihr botmäßig sein, ihrer Eigenliebe dienen. Zauberspiegel und Zauberformel, deren sie sich bedient, zusammen mit der magischen Einverleibung entspringen dem zerstörerischen Willen zu unbedingter Selbstbehauptung, die die Selbstsüchtige von ihrer natürlichen Bestimmung entfernt.

Zauberei und natürliches Wirken sind unvereinbar. Hybrid ist der Anspruch des Menschen, der die Lebenskräfte beherrschen will, statt ihnen zu dienen.

Doch mit der selbstverständlichen Schönheit jungen Lebens scheint die Natur einen wirksamen Selbstschutz geschaffen zu haben. Weder der Jäger noch die wilden Tiere des Waldes sind imstande, dem hilflosen Mädchen etwas anzutun. Unversehrt erreicht es das Haus der sieben Zwerge hinter den Bergen, weit abgeschieden von der Welt, in der Vernichtung und Tod drohten. Der gewaltsam erzwungene Aufbruch Schneewittchens und ihr abgesondertes Leben fortan erinnern entfernt an bestimmte Initiationsriten, die den Initianten ebenfalls isolieren von seiner bisher vertrauten Umgebung, um ihm Gelegenheit zu geben, sich auf seinen neuen Lebensabschnitt vorzubereiten. Näher liegt indes zunächst der Eindruck, daß sich die Natur selbst des bedrohten jungen Lebens annimmt, um ihren eigenen Fortbestand zu sichern.

Aus dem Wald tritt Schneewittchen ins Haus, aus der Gefährdung in die Geborgenheit. Anders als ihre Stiefmutter, hierin ihrer natürlichen Mutter gleich, denkt sie die anderen mit. Behutsam ißt sie jeweils nur wenig von allen sieben Tellern und trinkt jeweils nur wenig aus allen sieben Bechern, „denn es wollte nicht einem allein alles wegnehmen". Speise und Trank stehen wie von selbst zur Verfügung, wie von unsichtbarer Hand bereitet und serviert. Schneewittchen bewegt sich im Bereich elementarer Natur, die den Tisch für alle ihre Geschöpfe deckt, sofern diese sich den natürlichen Lebensbedingungen anvertrauen und sie achten.

Die Zwerge als Elementarwesen des Volksglaubens sind die Hüter der Erde, bei ihnen ist der schutzlose Mensch in guter Hut. Tief unten in der Erde arbeitend, wegen ihrer Kleinheit kaum sichtbar, verkörpern sie in Sage und Märchen die elementaren Natur- und Lebensgesetze selbst. Die Zahl Sieben verweist wie die sieben Wochentage, die sieben Planeten u. ä., auf Ganzheit und Fülle. Die sieben Zwerge repräsentieren die Totalität natürlichen Lebens, ihr Haus bedeutet die Geborgenheit dessen, was ist, in den Grenzen sinnenhaft konkreter Natur. Deutlich verknüpft sie das Märchen mit den elementaren vitalen Bedürfnissen des Essens, Trinkens und Schlafens sowie außerhalb des Hauses mit der dinglichen Natur der Erze und des Goldes.

Schneewittchen, die im Zwergenhaus gleichsam die Rolle der versorgenden und fürsorgenden Mutter übernimmt, während ihr die Zwerge Obdach gewähren, ordnet sich selbstverständlich in den elementar lebensnotwendigen Prozeß des Gebens und Nehmens ein. Der Aufenthalt im Zwergenhaus ist die Lehrzeit des heranwachsenden Menschen in der Begegnung mit den fundamentalen Bedingungen des Daseins.

Aber das Märchen, gerade weil es mit den immanenten Daseinsbedingungen zu tun hat, kann keine absolut gesicherten Schutzräume errichten. Stets ist auch der Märchenheld neuen Gefährdungen ausgesetzt, sei es auf Grund seiner eigenen Ahnungslosigkeit, seiner prinzipiellen Verführbarkeit oder der Böswilligkeit seiner Umwelt. Der Neid der Älteren auf die überlegene Schönheit des jungen Mädchens hält unvermindert an und findet letztlich auch Zugang zu dem abgeschiedenen Ort hinter den Bergen.

Dreimal bricht die Königin auf, zweimal scheitert sie, die Gegenspielerin zu töten, beim drittenmal scheint sie am Ziel. Die Drei ist wie so oft im Märchen magische Zahl. Drei Aufgaben, drei Wünsche, drei Anrufungen u. ä. bedeuten jeweils Steigerung und Intensivierung. Tatsächlich steigern sich die Tötungsversuche in ihrer Intensität, indem sie von außen immer tiefer in das Opfer einzudringen versuchen. Schneidet das Abschnüren zunächst die Verbindung mit der Luft als elementare äußere Lebensbedingung ab, so richtet sich der vergiftete Kamm bereits gegen die Wachstumskräfte im einzelnen selbst, da das Haar wegen seines Wachstums von altersher als Träger von Lebenskraft verstanden wurde. In beiden Fällen jedoch können die Zwerge Schneewittchen wieder ins Leben zurückholen und die Mordpläne der Königin durchkreuzen. Luft und vitales Wachstum gehören in den Bereich elementarer Natur, die sich in den Zwergen verkörpert.

Erst der dritte Tötungsversuch scheint endgültig erfolgreich und unumkehrbar. „Diesmal können dich die Zwerge nicht wieder erwecken." Der sorgfältig präparierte Apfel vergiftet das Leben von innen her, in seinem eigentlichen Kern. Verkehrt in seinen Gegensinn ist der Apfel als uraltes Lebenssymbol. Seine weiß-rote Farbe weist zurück auf die Geburt Schneewittchens. Stand aber dort das Rot für das pulsierende, lebenspendende Blut, so steht es hier im übertragenen Sinn für das Blut, das vergossen werden soll. Deutete das Weiß damals auf das lebenerweckende Licht, so deutet es hier auf die Blässe des Todes.

Die meisten Symbolwerte im Märchen sind mehrdeutig. Sie können von einem Bedeutungsextrem ins andere umschlagen, Spiegel des irdischen Daseins, das sich zwischen den Polen Leben und Sterben, Glück und Gefährdung bewegt. Gerade in der symbolischen Ambivalenz drückt sich die unterschwellig tragische Lebenserfahrung des Märchens aus. Stets ist das Schöne von der Auslöschung bedroht, einmal erlangtes Glück immer neuen Gefahren ausgesetzt. Hinter der Sonnenseite des Lebens lauert das dunkle Verhängnis. Beispielhaft gewinnt das Trügerische in den Maskierungen und Kostümierungen der Königin Gestalt, in ihren auf den ersten Blick verlockenden, im Kern aber tödlichen Angeboten. Tragisch ist die Verführbarkeit des Märchenhelden als eines ganz und gar irdischen Geschöpfes durch den schönen Schein, seine Arglosigkeit aus grenzenlosem Glücksverlangen. Unheilvoll liegen Glück und Unglück, Freude und Trauer beieinander.

Fassungslos und ohnmächtig stehen die Zwerge vor dem toten Schneewittchen, getroffen in einer Lebenstiefe, die sich ihrer Macht entzieht. Aber gerade der äußerste krisenhafte Zustand fordert den Lebensoptimismus des Märchens heraus, den Wunsch, daß sich das Glück trotz der schlimmstmöglichen Wendung wieder einstellen und erfüllen möge. In Schneewittchens gläsernem Sarg mit dem Mädchen, noch immer „so weiß als Schnee, so rot als Blut und so schwarzhaarig wie Ebenholz", mehr einer Schlafenden als einer Toten gleichend, bildet sich der Lebenswunsch selbst ab, die Hoffnung auf Wiedererweckung. Effektvoll kontrastieren im Motiv des gläsernen Sargs das Dunkle und Enge des Todes mit dem Licht, das auf die scheinbar Tote fällt und ihren Anblick nach allen Seiten freigibt. Der Augenschein, das im Sarg noch immer blühend aussehende Mädchen, dem keine Verwesung etwas anhaben kann, widerspricht dem teuflischen Triumph der Königin und widerlegt ihr mörderisches Werk. Erneut klingt das Initiationsmotiv an. Schneewittchens todesähnlicher Schlaf erscheint als rite de passage, als Übergang von der Entwicklungsstufe des Mädchens zur jungen Frau. Was die Stiefmutter zu verhindern gesucht hatte, das Voranschreiten des Lebensprozesses durch die Ausschaltung des jungen Lebens, um der eigenen Schönheit Dauer zu verleihen, geschieht nun gerade durch ihre Intervention. Der natürliche Prozeß läßt sich nicht aufhalten, wer sich ihm in den Weg zu stellen versucht, wird mit fortgerissen und auch gegen seinen Willen gezwungen, an ihm mitzuwirken.

Ganz im Sinne ihres Namens, der erst jetzt vor seiner eigentlichen Erfüllung steht, ist Schneewittchen die bräutliche Lichtgestalt in Erwartung der Auferweckung durch den Bräutigam. Was Selbstsucht und Haß zu vernichten suchten, weckt die Liebe am Ende wieder auf. Der Königssohn, verzaubert durch den Anblick des schönen Mädchens, erwirbt den Sarg, nicht mit Geld, sondern als Gabe der Zwerge, weil Liebe niemals erkauft, sondern immer nur geschenkt werden kann. Was den Zwergen als Verkörperungen der elementar dinglichen Kräfte der Natur nicht gelingen konnte, gelingt nun dem Königssohn mit seiner Liebe, die das durch den Haß im Kern vergiftete Leben wieder gesund macht.

Noch einmal tritt das Glasmotiv markant hervor. Fenster, Spiegel und gläserner Sarg strukturieren den Gang der Entwicklung und unterstreichen die zentrale Aussage. Dem reflektierenden Spiegel als Sinnbild eitler Selbstbezogenheit stehen das Fenster am Anfang und der gläserne Sarg am Ende als Sinnbilder der Verbundenheit mit dem anderen gegenüber. Beide erlauben sie den Anblick des Du, der Natur, in die das Ich eingelassen ist, und des geliebten Menschen, der das eigene Dasein erst vollendet. Leben setzt Öffnung und Weite voraus, Verschlossenheit und Enge sind lebensfeindlich.

Bejaht die natürliche Mutter das Leben, indem sie es weitergibt, so verneint es die Stiefmutter, indem sie es zu töten versucht. Integriert sich die eine willig in den Lebensprozeß, der sie am Ende selbst mitfortnimmt, so versucht die andere den Prozeß abzuschneiden, um ihrem eigenen Leben Dauer zu verleihen. Unversöhnlich stehen sich die schöpferische Kraft der Liebe und der zutiefst zerstörerische Haß gegenüber.

Der Tod der Stiefmutter, mag er noch so grausam erscheinen, ist die notwendige Konsequenz aus einem haßvoll verengten Leben, das andere mit Vernichtung verfolgte und sich am Ende selbst vernichten muß, weil es dem Lebensgesetz der Natur widerspricht. Die eisernen Pantoffeln verweisen auf den Glauben an die bösen Zauber abwehrenden Kräfte des Eisens. Mit dem Sieg über die tödlich drohende Lebensverneinung steht dem Glück nichts mehr im Weg. Der Kreis schließt sich. Stand am Anfang die Geburt Schneewittchens, so steht am Ende die Ehe Schneewittchens mit dem Königssohn als Bedingung für die Weitergabe des Lebens, das sich siegreich gegen alle Gefährdungen und Vernichtungsdrohungen durchzusetzen vermochte. Schneewittchen ist das Märchen vom Triumph der Lebenskräfte und der lebenserhaltenden Kraft der Liebe über die tödliche Unfruchtbarkeit der Selbstsucht und des Hasses.

# Rumpelstilzchen

**Quelle:** Kontaminierte Fassung aus zwei Versionen, vermittelt von Dortchen Wild und der Familie Hassenpflug.

**Erstdruck:** KHM I, 1812

Die Vorgeschichte mit dem Müller, der dem König vorflunkert, seine Tochter könne Stroh zu Gold spinnen, und das eigentliche Geschehen um den seltsamen Kobold, der dem Märchen den Namen gegeben hat, scheinen auf den ersten Blick nur notdürftig miteinander verbunden zu sein. Fragwürdig mögen dem Leser die offenbare Lüge als auslösendes Erzählmoment vorkommen und unwahrscheinlich das Schweigen der Tochter, die die ungeheuerliche Behauptung ihres Vaters unwidersprochen hinnimmt. Man hat zum besseren Verständnis des Märchens auf die Fertigkeit des Goldspinnens aus feinstem Golddraht in der Barockzeit verwiesen und auf goldähnliche Strohapplikationen auf Kleidern. All diese Bräuche und Fertigkeiten mögen zur Bildung des Märchenmotivs angeregt haben, zur Deutung tragen sie nichts bei, da es hier ja um die wirkliche Verwandlung des Strohs in Gold geht. Näher liegen Assoziationen mit alchemistischen Praktiken, die das Ziel hatten, Unedles in Edles zu überführen und zu läutern. Stroh und Gold als das Entleerte und Wertlose sowie das Gediegene und Wertvolle stehen sich dabei in extremer Polarisierung gegenüber.

Es ist nicht zufällig, wenn im Märchen der Vertreter der unteren Schicht von einer solchen Umwandlung spricht und so tut, als sei sie ohne weiteres realisierbar. Not macht erfinderisch und läßt Wunschträume Gestalt gewinnen, insbesondere solche der Fülle und des Überflusses. Überhaupt sind Mangel und Armut die Hauptquellen märchenhafter Fiktion, des Versuchs, in der Imagination auszugleichen, was die Wirklichkeit verwehrt. In der Lüge des armen Müllers drückt sich der Wunsch aus, daß es seiner Tochter einmal besser gehen möge als ihm selbst, im stillen Vertrauen darauf, daß das nur Vorgestellte und Erträumte den Anfang bilden könnte, diesen Wunsch Wirklichkeit werden zu lassen.

Insofern ist der Erzähleinsatz keineswegs absonderlich, denn das Märchen nimmt in aller Regel seinen Ausgang von dem, was nicht ist und auch nicht möglich scheint und was am Ende trotz aller Widerstände eintrifft und Gestalt annimmt. Märchenhaftes Erzählen ist die illusionäre Korrektur der Wirklichkeit aus der Wunschperspektive der Zukurzgekommenen. Der verändernde Einfall muß die verändernde Tat ersetzen. „Corriger la fortune" ist das Ziel aller Märchenwünsche. Zu wagen gilt es das Risiko der Phantasie, wo die erstarrten Verhältnisse jeden sozialen Aufstieg abblocken und das Glücksverlangen der Glücklosen ungestillt bleibt. Nicht die Lüge also, sondern der durch die soziale Lage inspirierte Einfall setzt die Handlung in Gang.

Entscheidend ist dabei, daß der Müller den Adressaten richtig einschätzt. Prompt reagiert der König wie erwartet auf die märchenhafte Fertigkeit der Müllerstochter: „Das ist eine Kunst, die mir wohl gefällt, wenn deine Tochter so geschickt ist, wie du sagst, so bring sie morgen in mein Schloß, da will ich sie auf die Probe stellen." Das Märchen reduziert den Mächtigen auf das Streben nach materiellem Besitz. Ausdrücklich als „goldgierig" angeprangert, tritt der König aus der Sicht des kleinen Mannes als raffgierig und unersättlich auf, eine Sicht, die sich satirisch zuspitzt, da sie ins Schwarze trifft. Dem armen Müller gibt die leicht durchschaubare Beschränktheit des Königs die Chance, ihn zu berechnen und den eigenen Wünschen dienstbar zu machen.

Ein gefährliches Unternehmen gewiß, vor allem dann, wenn die geweckten Erwartungen nicht erfüllt werden und der kleine Mann die ganze Härte der Macht zu spüren bekommt. Der König läßt keinen Zweifel daran, daß die Müllerstochter ihr Leben verwirkt habe, sofern es ihr nicht gelänge, Stroh zu Gold zu spinnen. Trotzdem gehen Vater und Tochter, der eine aktiv, die andere passiv, das hohe Risiko ein, weil offenbar kein anderer Weg aus der sozialen Misere herausführt und die Gelegenheit günstig ist, Verbindungen mit dem Mächtigen anzuknüpfen. Mit dem schwankhaften Betrugsmanöver setzt der Müller alles auf eine Karte. Nicht ihn aber trifft der Vorwurf, weil er die Unwahrheit gesagt hat, sondern eine Gesellschaft, die solche Täuschungen herausfordert. Unmöglich kann ja das Glück nur für wenige Privilegierte reserviert sein.

Die Erzählspannung erwächst aus der Angst um die Müllerstochter, aus der Frage, wie sie mit der für sie unlösbaren Aufgabe fertigzuwerden und ihr Leben zu retten vermag. Während in einigen Märchen, erinnert sei etwa an *Hänsel und Gretel* und an die *Bremer Stadtmusikanten,* die Märchenhelden ihre Situation durch entschlossenes und beherztes Handeln selbst zu ändern imstande sind, gibt es hier für das Mädchen, eingeschlossen in die mit Stroh gefüllte Kammer, die Todesdrohung im Nacken, keine Möglichkeit, selbst etwas zu bewirken. Aus solchen Situationen entspringt im Märchen, stets auf der Seite der kleinen Leute, die außermenschliche Hilfe, sei es einfach durch eine glückliche Fügung, durch wunderbaren Schutz oder durch hilfreiche Tiere oder mythische Wesen. In der tiefsten Krise des Helden, angesichts unlösbarer Verwicklungen betritt wie der deus ex machina ein hilfreiches Wesen die Szene. „Da ging auf einmal die Türe auf und trat ein kleines Männchen herein …"

Ganz offenbar handelt es sich bei dem kleinen Männchen, wie später noch deutlicher wird, um einen der Zwerge, die, fest verankert im Volksglauben, im Untergrund wirken und als Hüter der Erde und des Mineralreichs gelten. Gerade wegen ihrer Kleinheit, glaubte man, seien sie im besonderen Maße geeignet, unter der Erde zu arbeiten, daher auch ihre Verbindung zu unterirdischen Reichtümern wie Edelsteinen,

Gold und Silber. Halsband und Ring sind insofern durchaus angemessene Entlohnungen für die Dienste des Männchens, die es professionell verrichtet, bis am frühen Morgen alles Stroh zu Gold versponnen ist.

Gern nimmt die Müllerstochter die Dienste an, ohne allerdings den König darüber zu unterrichten. Geht es doch um ihr Glück, das sie aufs Spiel setzen würde, wenn sie die Wahrheit sagte. So schweigt sie sich aus vor dem König, der seine Gier nach Gold kaum zu zähmen vermag, so daß er bereits bei Sonnenaufgang erscheint, um nach dem Rechten zu sehen. In den von Nacht zu Nacht immer größer werdenden Strohkammern spiegelt sich die unstillbare Raffsucht des Königs, seine materielle Verblendung. „... als er das Gold erblickte, erstaunte er und freute sich, aber sein Herz ward nur noch goldgieriger." Eine herbe Kritik an den Mächtigen, denen es allein um die Anhäufung äußerer Reichtümer geht. Selbst ihr Herz ist besessen von der Habgier, die nichts neben sich bestehen läßt und alle Gefühle verdrängt.

In der dritten Nacht führt der König die Müllerstochter in die größte Strohkammer und verspricht ihr, sie zur Frau zu nehmen, wenn es ihr auch diesmal gelänge, alles Stroh zu Gold zu spinnen. Eine „reichere Frau", so begründet er sein Angebot vor sich selbst, „finde ich in der ganzen Welt nicht". Die Aussicht auf ungeheuren Reichtum läßt ihn sogar die Standesschranken überspringen. Von Liebe, wie in vielen anderen Märchen, ist hier nicht die Rede. Endgültig wird der König zur negativen Figur, die sich von ihrem ersten Auftreten bis zum Heiratsversprechen unter den vorgegebenen Bedingungen konsequent und ausschließlich am Materiellen orientiert, so daß sich die Einschätzung des Müllers bestätigt.

Die Müllerstochter aber steht vor ihrer schwierigsten Aufgabe, zumal sie nichts mehr besitzt, um das Männchen für seine Dienste zu entlohnen. Anders als bei sonstigen Bewährungsproben sind der Heldin im vorliegenden Märchen alle Eigeninitiativen genommen. Die Müllerstochter erscheint als der völlig hilflose, ausgelieferte Mensch, ein realistisches Abbild der deklassierten Schichten. Von einer echten Bewährungsprobe kann schwerlich geredet werden, es sei denn, man würde das Vertrauen des Mädchens in sein Schicksal als persönlichen Anteil werten. „Wer weiß, wie das noch geht“, ist die Reaktion des Mädchens auf den vorgeschlagenen Handel des Zwergs, für die Übergabe des ersten Kindes an ihn das Stroh auch ein drittesmal zu Gold zu spinnen. Erstaunlich ist im Märchen immer wieder die optimistische Haltung seiner Helden, die die Dinge an sich herankommen lassen, ohne vorher zu planen und sich abzusichern. Zweifellos eine typische Einstellung der Habenichtse, die außerstande sind, künftige Entwicklungen zu beeinflussen oder gar vorauszuberechnen. Das Leben von der Hand in den Mund bestimmt auch das übrige Verhalten und läßt selbst in den verzwicktesten, ganz und gar unüberschaubaren Situationen auf eine günstige Wende hoffen.

In der Forderung des Männchens nach dem Menschenkind klingen alte Wechselbalgsagen an, in denen Zwerge ihre mißgestalteten Kinder gegen die schönen Kinder der Menschen eintauschen. Aber das Sagenmotiv wird nicht im einzelnen ausgeführt. Übernommen wird vor allem das Verlangen der Zwerge nach der Wohlgestalt und der Schönheit des lebendigen Menschen. „Nein, etwas Lebendes ist mir lieber als alle Schätze der Welt.“ Halsband und Ring, die er vorher als Entlohnung akzeptiert hatte, bildeten ja nur die Voraussetzungen für den Handel in der dritten Nacht.

Im Vergleich mit dem Zwerg, der, gebunden an die toten Schätze der Erde, sich nach Lebendigem sehnt, bindet sich der König aus reiner Gier und obwohl er alles haben könnte, was der Zwerg entbehrt, an das absolut Tote. Der Zwerg erscheint edler und menschlicher als der dem Materiellen verfallene König. Während es für den Zwerg keine Entwicklung geben kann, handelt der König gegen die lebendige Bestimmung des Menschen. Die Versklavung an die Zwergenschätze führt notwendig zum Verlust menschlicher Größe.

Aber auch die Müllerstochter, die sich mit dem Zwerg und seiner Welt eingelassen hat, erfährt die Bedrohungen und Gefährdungen durch das Materielle, das ihr im Unterschied zum König allerdings bloß Mittel zum Zweck ist. Nur durch das Gold konnte sie den König überzeugen und die von ihrem Vater riskant eingefädelten Aufstiegspläne realisieren. Der König ist es im Grunde, der den Dämon des Materiellen auf den Plan gerufen hat. So willkommen die Hilfe des Zwerges in der Notlage auch gewesen ist, so verhängnisvoll entwickeln sich die Folgen, nachdem die Müllerstochter Königin und Mutter eines Kindes geworden ist. Wer immer sich mit Gold und Geld einläßt, verliert seine Bewegungs- und Entscheidungsfreiheit, weil derjenige, der über den materiellen Wert verfügt und ihn weitergibt, Bedingungen stellt und den Empfänger abhängig macht.

Der Zwerg mit seinen dämonischen Fähigkeiten ist nicht selbstlos. Jeder materielle Wert verlangt einen Gegenwert. Man gibt, damit wiedergegeben wird, wobei der Gebende darauf aus ist, daß er jeweils mehr zurückerhält, als er tatsächlich gegeben hat. Die Müllerstochter sieht sich in ein Netz von Abhängigkeiten verstrickt, ohne Aussicht, Macht zu gewinnen über den Zwerg, der auf der Einlösung seiner Forderung besteht. Müßte sie ihr Kind abgeben, so bliebe sie mit dem König zwar weiterhin im Besitz des Goldes, aber das Lebendige hätte sie verloren. Das Materielle hätte seinen Sieg über sie davongetragen. Das Duell zwischen der Müllerstochter und dem Zwerg spitzt sich zu zum Kampf zwischen der toten Materie und dem Leben selbst, zwischen der Versklavung an das absolut Nichtige, dem der König längst erlegen ist, und der Freiheit des Menschen, der sich aus der Umklammerung des Materiellen lösen möchte. Der Triumph des Zwergs würde die Niederlage des Menschen bedeuten, den Sieg des Kleinen und Unedlen über das Große und Edle.

Doch der Zwerg, im Bewußtsein seines sicheren Sieges, räumt der Königin eine Chance ein, indem er bereit ist, sie unter der Bedingung, daß sie seinen Namen herausfindet, aus dem Handel zu entlassen. Bemerkenswert ist, daß der Zwerg die Bedingungen stellt und alle Handlungsinitiativen in Händen hält, wie er überhaupt in der Hauptgeschichte der Bestimmende ist; daher ist sein Name auch titelgebend. Beherrschend im menschlichen Leben ist das materielle Prinzip, es ermöglicht den sozialen Aufstieg und begründet die Macht der Herrschenden. In den Schlössern scheint der Zwerg ein und aus zu gehen, dort stehen ihm alle Türen offen. Aber nur deswegen kann der Dämon des toten Unwerts seine Herrschaft ausüben, weil die Menschen sich ihm unterwerfen oder sich ihm in ihrer Not verschreiben, weil es in einer dem Materiellen verfallenen Welt offenbar keinen anderen Weg gibt, sein Glück zu machen. Aber das Märchen weiß auch, daß ein solches Glück trügerisch ist und nicht von Dauer sein kann.

Daher muß die Königin alles daran setzen, mit dem Namen Macht über den Dämon zu gewinnen. Nach altem Glauben schafft die Kenntnis des Namens Verfügungsgewalt über seinen Träger. Das heißt aber nichts anderes, als daß die Müllerstochter in den Stand versetzt wird, das Übel, das von dem Zwerg ausgeht und in das sie sich selbst verwickelt hat, zu benennen. Die Fahndung nach dem Namen versinnbildlicht den Beginn eines befreienden Bewußtseinsprozesses. Nur das, was der Mensch benannt hat, verliert mit dem Rätselhaften auch die Gewalt über ihn. Mit dem gefundenen Begriff begreift er das für ihn bisher Ungreifbare und ergreift es zugleich.

Unermüdlich sucht die Königin nach Namen, und gerade dieses rastlose Bemühen ist Ausdruck ihres Willens, sich von dem Zwerg und seiner Welt nicht unterkriegen zu lassen und dem Lebendigen zum Sieg zu verhelfen. Oft reichen im Märchen schon die richtige Einstellung und die richtige Haltung aus, um zum Erfolg zu kommen. Wem das Lebendige am Herzen liegt, der wird letztlich auch den Sieg über alles Tote davontragen. Ein scheinbarer Zufall, in Wahrheit jedoch die verdiente Prämie für standhaftes Bemühen, kommt der Müllerstochter am Ende zu Hilfe. Mit der Nennung des Namens Rumpelstilzchen, entlehnt aus Johann Fischarts *Geschichtsklitterung* (1582), wo es sich um eine Art Klopfgeist handelt, erlischt der Einfluß des Dämons. Das Männchen schreit auf und „stieß mit dem rechten Fuß vor Zorn so tief in die Erde, daß er bis an den Leib hineinfuhr, dann packte er in seiner Wut den linken Fuß mit beiden Händen und riß sich selbst mitten entzwei".

Der dramatische Schluß, erst seit der Zweitauflage (1819) eingefügt, hebt den Sieg des Menschen über den Zwerg hervor, der in die Erde, in sein eigentliches Reich zurücksinkt, bevor er sich selbst zerstört. Mit ihm ist die dämonische Herrschaft des Toten über das Lebendige aufgehoben, und die Dämonengeschichte mündet doch noch in das Märchen. Vertieft ist aber auch das alchemistische Motiv der Umwandlung des Strohs in Gold, des Unedlen ins Edle, durch den Wandel der armen Müllerstochter zur reichen Königin, die sich vom Einfluß des Goldes befreit hat. Das wahre Edle ist das Leben selbst, das weder materielle noch ständische Erstarrungen zuläßt. Die Königin und ihr Kind garantieren eine lebendige, menschenwürdige Zukunft, nachdem das Kleine und Nichtige dem Großen und Wertvollen weichen mußten.

# Die drei Federn

**Quelle:** Die vorliegende Version, vermittelt von Dorothea Viehmann, verdrängte seit der Zweitauflage die in der Erstauflage angebotene Fassung. Bereits 1810 hatte Brentano den Kern der Erzählung notiert.

**Erstdruck:** I, 1819

Die Erzählung verknüpft zwei verbreitete märchenhafte Motivkreise. Auf der einen Seite handelt es sich um das Motiv des Dümmlings, auf der anderen um das Motiv des Tierbräutigams bzw. der Tierbraut wie im vorliegenden Fall. Angesiedelt ist das Geschehen im königlichen Lebensraum, um die Kontraste zwischen Dümmling und Prinz sowie Tierbraut und Prinzessin besonders scharf herauszuarbeiten und die geheime Identität des Hochgeachteten und Geringgeschätzten, des Hohen und des angeblich Niedrigen aufzuzeigen. Das Märchen akzeptiert weder Hierarchiebildungen noch andere Formen exklusiven Denkens. Der Dümmling kann König werden und die häßliche Kröte sich in ein schönes Fräulein verwandeln. Alle Lebensformen sind grundsätzlich gleichwertig und verdienen geachtet zu werden. Eine Unterscheidung in wertvolles und wertloses Leben ist dem Märchen fremd.

In diesem Sinn handelt auch der königliche Vater im Märchen, der keinen von seinen drei Söhnen bei der Nachfolge bevorzugen möchte, weil sie ihm alle gleichermaßen lieb sind. Selbst der einfältige Dümmling erhält die gleichen Chancen wie seine klugen und gescheiten Brüder. Wichtiger als die intellektuelle Überlegenheit ist die brüderliche Gleichstellung, in der sich das gleiche Recht für alle und die allgemeine Chancengleichheit abbilden. Der Vater, außerstande selbst die Entscheidung darüber zu treffen, wer sein Nachfolger werden soll, vertraut sich der höheren Fügung an. Das Federnblasen, ein alter Orakelbrauch, angewendet bei Unentschlossenheit über die einzuschlagende Richtung, ist nicht nur eine dekorative erzählerische Zutat, kein blindes Motiv, sondern zeigt vielmehr das Vertrauen auf die Gerechtigkeit natürlicher Kräfte, die den richtigen Weg weisen werden.

Der Mensch tritt bescheiden zurück, um die höhere Gerechtigkeit walten zu lassen, deren Entschluß auf jeden Fall richtungweisend ist. Die Selbstüberantwortung des Menschen an den höheren Willen rechtfertigt die Titelgebung, in der nicht der Held, sondern der Glaube an die bestmögliche Fügung im Zentrum steht. Märchenhaftes Schicksal ist aber niemals blinder Zufall. In ihm wirkt die poetische Gerechtigkeit, die den, der im Einklang mit der Welt und den Menschen lebt, zum Erfolg führt, während sie den, der sich überhebt und selbstsüchtig handelt, scheitern läßt. Das Wertbewußtsein des Märchens ist am Ganzen, nicht am Einzelnen orientiert.

Doch die Weisheit des alten Königs wird von den beiden klugen und gescheiten Söhnen weder geteilt noch verstanden. Überheblich sondern sie die Menschen in die Klugen und in die Dummen und trauen den Klugen und damit sich selbst alles zu, die Dummen aber verlachen sie und machen all ihre Anstrengungen im vorhinein verächtlich. Klugheit und Hochmut, gepaart mit Menschenverachtung, nähern sich verräterisch einander an. Höher als alles Klug- und Gescheitsein steht allemal die Weisheit des alten Königs, der nicht selbstherrlich entscheidet, sondern das Urteil der höheren Fügung überläßt. Klugheit allein reicht auf keinen Fall aus, die Krone zu erwerben.

Wie stets im Märchen, so gilt es auch hier, Bewährungsproben zu bestehen, in denen der einzelne zu beweisen hat, wie er mit der Welt und dem, was ihm begegnet, zurechtkommt. Die erste Aufgabe besteht darin, den feinsten Teppich herbeizuschaffen. Nachdem die drei Federn geflogen sind, scheint der Dümmling die schlechteste Ausgangsposition zu haben, denn seine Feder hatte sich schon bald zur Erde gesenkt. Doch für das Märchen ist das Glück nicht an die Ferne gebunden. Oft liegt es ganz nah, gleichsam vor der eigenen Tür, wenn man nur aufmerksam genug ist, es wahrzunehmen.

Der Dümmling entdeckt eine Falltür und steigt, nachdem er sie hochgehoben hat, ohne Zögern in die Tiefe, wo er eine große Kröte und rings um sie eine Menge kleiner Kröten antrifft. Sowohl das Hinabsteigen als auch die Tiere deuten auf einen Brunnen. Nur den sinnlichen Hinweisen und den Wegen, die sie bezeichnen, folgend, gelangt der Dümmling an den Ort, in dem sich für das Märchen immer wieder der Urgrund des Daseins abbildet. Einmal mehr ist der Brunnen die Quelle aller Dinge und des Lebens. Wie selbstverständlich erhält der Bittende den schönsten und feinsten Teppich, im deutschen Märchen ein eher seltenes Requisit. Mit dem fliegenden Teppich des arabischen Märchens, der sich in Wunscheseile fortbewegt, hat der Teppich hier gar nichts zu tun. Nahegelegt wird mit Blick auf den weiteren Kontext, den Teppich als ein Symbol der Ganzheit zu verstehen. Während sich nach traditionellen Vorstellungen im Teppichgrund die Erde abbildet, so steht der Rand für das sie umgebende Wasser. Es handelt sich also um ein Sinnbild, das im Mikrokosmischen den Makrokosmos spiegelt und auf die Ganzheit und Ordnung der sichtbaren Welt verweist, wie sie im Brunnen, an der Lebensquelle potentiell angelegt ist. Aber nur der findet den Weg hierher, der sich den allgemein fügenden und richtungweisenden Kräften anvertraut.

Die beiden anderen Brüder haben weniger Glück, weil sie sich des Sieges über den Dümmling sicher sind und die gestellten Aufgaben nur formal erfüllen. „‚Was sollen wir uns mit Suchen Mühe geben‘, sprachen sie, nahmen dem ersten besten Schäfersweib, das ihnen begegnete, die groben Tücher vom Leib und trugen sie dem König heim." Handelt der

Dümmling spontan, so gehen die Brüder berechnend und kalkulierend vor, bittet jener und vergißt auch den Dank für die Gabe nicht, so nehmen sich diese rücksichtslos, was sie zu brauchen meinen. Berechnende Reflexion und Eigennutz verbinden sich zu einer abstoßenden Handlungsweise.

Aus der ersten Bewährungsprobe geht der Dümmling als klarer Sieger hervor. Die Klugen aber haben das Nachsehen, da sie sich kurzsichtig nur von den eigenen Interessen leiten lassen, den anderen in Verkennung seiner wahren Begabung unterschätzen und den Mitmenschen schlecht behandeln. Der Dümmling im Märchen ist in der Regel nicht der Dumme, sondern der Einfältige und Naive, der natürlich, unbefangen und unreflektiert handelt. Spontan verhält er sich richtig, wo die Reflektierenden in die Irre gehen. Selbst ein Stück Natur, versteht er die Sprache der Tiere und findet den Weg zu den Quellgründen des Lebens. Dem Dümmling gehört das Königreich, weil er in seiner Naivität der Weisheit des Vaters am nächsten steht. Sowohl das Blasen der Federn als auch der Teppich als Ziel der ersten Aufgabe deuten auf das Ganze, in das sich der Weise wie der Naive, der ältere und der jüngere Mensch willig einfügen und sich dabei selbst zurücknehmen, weil sie sich nur als Glieder des Ganzen verstehen.

Aber obwohl das Königreich dem Dümmling nach dem siegreichen Bestehen der Probe von Rechts wegen zufallen müßte, bewegen die beiden anderen Söhne den Vater dazu, eine zweite Bedingung zu stellen, wobei sie selbstgefällig auf den mangelnden Verstand des Dümmlings verweisen. Verblüffend ist, wie wenig die scheinbar Klugen und Gescheiten aus dem Ausgang der ersten Bewährungsprobe gelernt haben. Sie sind weder bereit, darüber nachzudenken, warum ihr Bruder als Sieger hervorgegangen ist, noch halten sie es für nötig, ihr eigenes Verhalten zu ändern. Wieder läßt der König die Federn fliegen, und wieder weisen sie in die gleichen Richtungen wie beim erstenmal. Das günstige Märchenschicksal bleibt auf der Seite dessen, der die Aufgabe ernst nimmt und ohne Kalkül und ohne Verachtung des andern auf sein Glück vertraut.

Vergleichbar mit dem Teppich ist auch der Ring, um den es bei der zweiten Bewährungsprobe geht, ein Sinnbild der Geschlossenheit und der Ganzheit. In seinem Kreis schließt er symbolisch die ganze Welt ein. Aus dem Viereck des Teppichs und dem umschließenden Kreis des Rings ließe sich ohne weiteres ein Mandala-Zeichen bilden, das zwar im eigentlichen Sinn auf den Buddhismus beschränkt ist, aber nach Carl Gustav Jung im übertragenen Sinn auch als archetypisches Bild des Selbst verstanden werden kann. Der Dümmling würde unter diesem Aspekt durch die Erfüllung seiner Aufgaben sich auch seines Selbst bewußt, das er, dargestellt in dem vom Kreis umschlossenen Viereck, als eingebettet ins Ganze erführe, was seinem tatsächlichen Verhalten entspricht. Wie den Teppich empfängt der Dümmling den Ring als Gabe von der Kröte im Brunnen, weil von hier alle Lebenslinien ihren Ausgang nehmen und hier wieder zusammenlaufen. Der Brunnen, zwar nicht ausdrücklich erwähnt, aber durch die näheren Umstände impliziert, ist im Märchen der Ort der Geburt wie der Eingang zur Welt des Todes. Hier erfüllt sich die Ganzheit des Daseins.

Als Vertrauender und Glaubender nähert sich der Dümmling und sieht sich in seinem Vertrauen und in seinem Glauben bestätigt und bestärkt. Weniger zunächst ein aktiv zupackender als ein passiver Held, öffnet er sich für die Natur und ihre Schätze und wird dabei ihrer tiefsten Geheimnisse inne. Es geht nicht um eine Bezwingung der Welt, indem der einzelne versucht, ihr seinen Willen aufzudrücken, sondern um ein Handeln im Einklang mit dem Lebensganzen.

Die Brüder aber läßt die einseitige Verstandesorientierung auch diesmal scheitern. In Mißachtung des Dümmlings geben sie sich mit einem alten Wagenring zufrieden. Von sinnbildlicher Bedeutung ist dabei, daß sie dem Ring, bevor sie ihn heimbringen, die Nägel ausschlagen, also verändernd eingreifen, um das Gefundene nach ihren Vorstellungen umzumodeln. Der Verstand, den sie für das Höchste halten, greift gewaltsam in die Welt ein, verwertet sie, statt sie zu verstehen. Weder mit dem brüderlichen Mitmenschen, den sie verachten, noch mit den Dingen, die sie manipulieren, kommt es zu einem verständnisvollen Umgang. Statt sich für das andere zu öffnen, versuchen sie, es ihrem eigenen Willen zu unterwerfen. Ihr Mißerfolg widerlegt sie ein zweitesmal und läßt den bloßen Verstand als ein höchst unbrauchbares Mittel erscheinen, der Welt und den Menschen gerecht zu werden.

Der Aufbruch der Brüder ist der Aufbruch zur Selbst- und Welterfahrung, der Beginn eines Reifungsprozesses, und nur der kommt ans Ziel, der sich selbst als ein Teil des Seins erfährt, das er nicht gewaltsam an sich reißen und verändern, sondern immer nur als großzügig gewährte Gabe empfangen kann. Die Brüder, voreingenommen von ihrem eigennützigen und selbstherrlichen Verstand, lernen nichts, der Dümmling aber reift im Laufe der Bewährungsproben zu einem einfühlsamen, mit seiner Welt im Einklang lebenden Menschen heran, der in seiner unvoreingenommenen Naivität mehr und mehr der Weisheit seines königlichen Vaters ebenbürtig wird.

Ziel der dritten Bewährungsprobe, von den unterlegenen Brüdern ebenfalls erzwungen, ist es, die schönste Frau heimzuführen. Richtig besehen, steht auch diese Bedingung, wie die erste mit der zweiten, mit den beiden vorausgegangenen Bedingungen in einem geheimen Zusammenhang. Wurde der Dümmling bislang seiner Stellung im Ganzen inne, das er in den Sinnbildern des Teppichs und des Rings erfuhr, so sieht er sich nun aufgerufen, sich selbst als ein Teil ins Ganze einzubringen, das es in der Vereinigung mit dem weiblichen Element stets neu zu bilden gilt. Auch die dritte Bewährungsstufe hat die Erfahrung von Totalität zum Ziel, mit dem Unterschied allerdings, daß es nun nicht länger um eine zu erfahrende, sondern um eine zu bildende geht.

Während der Dümmling reif dazu geworden ist, diesen letzten Schritt zu vollziehen, steht das abermalige Scheitern der Brüder von vornherein fest, da sie bisher alle Chancen, Einsichten in die Welt und in sich selbst zu gewinnen, vertan haben. Wiederum erfüllen die Brüder ihre Aufgabe nur formal, indem sie „die ersten besten Bauernweiber" mitnehmen. Unzugänglich bleibt ihnen wie beim Teppich und beim Ring das Verständnis des qualifizierenden Attributs „schön" bzw. „fein". Schön bedeutet ja nichts anderes, als daß der Inhalt der jeweiligen Bedingung, der Teppich, der Ring wie die weiblich-männliche Vereinigung, das Ganze repräsentiert. Schön ist die harmonische Fügung der Teile zu einer lebendigen Einheit.

Die aber findet der Dümmling, wie ihm längst klargeworden ist, nur bei der Kröte, auf dem Urgrund des Seins. Waren der Teppich und der Ring sofort verfügbar, so bedarf es nun beim Gewinn der schönsten Frau der besonderen Aktivität des Dümmlings. Befremdet und traurig zunächst über die mit sechs Mäusen bespannte gelbe Rübe, die ihm die Kröte gibt, folgt er dann doch ihrem Rat und setzt eine der kleinen Kröten hinein. „... aber kaum saß sie darin, so ward sie zu einem wunderschönen Fräulein, die Rübe zur Kutsche und die sechs Mäuschen zu Pferden." Im Bereich der Kröte, unten an den Wurzeln des Lebens, ist alles wunderbar verbunden. Eins geht in das andere über, unbegrenzt nach allen Seiten ist das Dasein. Aus der als häßlich geltenden Kröte wird ein schönes Mädchen, wenn der Bräutigam es zur Frau gewählt hat. Im Volksglauben erscheinen Jungfrauen gelegentlich in der Gestalt von Kröten, solange sie sich weigern, eine Ehe einzugehen. Hier bildet die Krötengestalt indes nur ein Vorstadium, das mit der Erwählung durch den Mann beendet ist. Seine Schönheit erreicht das Weibliche erst in der Erhebung zur Frau. Anders als bei den vorausgegangenen Gaben muß der Dümmling nun selbst zugreifen und seine Wahl treffen, denn es ist an ihm, mit dem Weiblichen zusammen die Totalität des Lebens zu bilden. Hier verbinden sich die beiden Motivkreise des Dümmlings und der Tierbraut. Nur der, der sich mitwirkend eingliedert in den großen Zusammenhang des Seins, hat Anteil an seiner ursprünglichen Schönheit, die ihm als Belohnung und als Gunstbeweis der unerschöpflich fruchtbaren Natur zufällt.

Noch gilt es aber auch die heimgeführten Frauen zu prüfen, indem man sie durch einen im Saal aufgehängten Ring springen läßt. Aber während sich die Bauernweiber Arme und Beine brechen, springt das schöne Mädchen „so leicht hindurch wie ein Reh, und aller Widerspruch mußte aufhören“. Noch einmal wird der Ring als Sinnbild des Geschlossenen und Ganzen bemüht. Wer unversehrt hindurchspringt, der ist gleichsam eins geworden mit den im Ring repräsentierten Kräften und berufen, an einer heilen Welt mitzuwirken. Wer aber bei dem Sprung Schaden an seiner Ganzheit nimmt, der ist abgewiesen. Nicht die Bauernweiber jedoch stehen am Pranger, sondern die Brüder, die sie ausgewählt haben, ohne tieferes Verständnis für ihre Aufträge, allein auf ihren isolierenden und eigennützig verwertenden Verstand bauend, und so ohne Sinn für die organische Harmonie alles Seienden mit dem Sein, eine Harmonie, die sich nur dem naiv einfühlsamen Verstehen des Dümmlings erschließt.

# Die weiße Schlange

**Quelle:** Vermittelt von der Familie Hassenpflug

**Erstdruck:** KHM I, 1812

Das Märchen von der weißen Schlange stellt wie kaum ein anderes der Grimmschen Sammlung die fruchtbare Koexistenz von Mensch und Tier dar, das gegenseitige Verstehen und das Aufeinanderangewiesensein. Tiere sind wichtige Handlungsträger der Erzählung, aber sie bedürfen der menschlichen Hilfe, so wie der Mensch ohne den Beistand der Tiere seine Aufgaben nicht erfüllen könnte. Das Märchen erzählt aus der Perspektive einer als wirklich gesetzten Zeit, in der die Symbiose aller Lebewesen noch als Grundlage des Überlebens verstanden wurde, in der nicht der Kampf aller gegen alle wütete, sondern die solidarische Lebensgemeinschaft und das symbiotische Verstehen gepflegt wurden.

Es ist die märchenhafte Zeit der weisen Könige und der weisen Herrschaft, in der dem Herrscher nichts unbekannt blieb „und es war, als ob ihm Nachricht von den verborgensten Dingen durch die Luft zugetragen würde". Weise sein und weise herrschen heißt auf die Stimmen des natürlichen Lebensraums zu horchen, sie zu verstehen und nach deren Botschaft zu handeln. Wo der Mensch sich der Natur zuneigt und ihre Botschaften zur Grundlage seines eigenen Handelns macht, ist die Welt im Gleichgewicht. Der „berühmte" König im Märchen ist der ideale Herrscher, weil seine Herrschaft nicht auf persönliche Macht gründet, sondern auf Einsicht in die natürlichen Lebensbedingungen. Gesetz ist, was für die Lebensgemeinschaft aller zuträglich ist, nicht, was ein einzelner will. Die Utopie einer Symbiose von Natur und Mensch bestimmt den Verlauf des märchenhaften Geschehens.

Das Prinzip der weisen Herrschaft und der natürlichen Lebensgemeinschaft ist symbolisch verkörpert in der weißen Schlange, von der der König jeden Morgen kostet. Bedenklich scheint jedoch, daß er die Schlange nur für sich selbst beansprucht und die Fähigkeiten, die ihr Genuß verleiht, keinem anderen gönnt. Wie alle anderen Herrscher, so besteht selbst der weise König auf gewissen Privilegien seines Standes, ein Anspruch jedoch, der im Märchen, das von der prinzipiellen Gleichheit der Menschen überzeugt ist, unterlaufen wird. Ungestraft und unentdeckt läßt es den Diener in die geheimnisvolle Schüssel schauen und ein Stückchen der Schlange genießen. „Bei ihrem Anblick konnte er die Lust nicht zurückhalten, sie zu kosten; er schnitt ein Stückchen davon ab und steckte es in den Mund. Kaum aber hatte es seine Zunge berührt, so hörte er vor seinem Fenster ein seltsames Gewisper von feinen Stimmen."

Im Märchen gibt es keine verbotenen Bäume. Alles steht allen offen, sofern man sein Glück wirklich will und seine Chancen wahrnimmt. Insofern geht der Diener straffrei aus und bleibt im Besitz der Fähigkeit, fortan die Sprache der Tiere zu verstehen, ein Vorrecht, das sich bisher der König vorbehalten hatte, das aber dem Diener nicht weniger zusteht.

Die Schlange als positives Sinnbild, bereits im Titel durch das Farbattribut „weiß" herausgehoben, das hier auf Licht und Erleuchtung verweist, ist in volkstümlicher Dichtung häufiger anzutreffen. Älter als die Auffassung von der teuflischen Verführerin im Paradies ist der Glaube, daß die sich häutende und regenerierende Schlange sinnbildlich auf Genesung verweist, daher ihre Verwendung als Arztsymbol. Darüber hinaus sah man in der regenerativen Erneuerung einen Hinweis auf die Unsterblichkeit. Alt ist auch die Verbindung der Schlange mit der Klugheit. In diesem Sinne begegnet sie noch als ständige Begleiterin von Nietzsches Zarathustra.

Gerade ihrer durch ihre körperliche Beschaffenheit bedingten Erdverbundenheit verdankt die Schlange ihre positive wie ihre negative Symbolik. Verbindet man das Irdische mit dem Sündhaften schlechthin, so muß auch die an der Erde kriechende Schlange als sündhaftes Wesen erscheinen. Sieht man in der Erde aber den fruchtbaren Lebensgrund, so wird die Schlange als heiliges Tier, als Erdgottheit verehrt. In der positiven Sinnbildung schöpft das Märchen aus heidnischen Vorstellungen und Bräuchen. Der Genuß des immer wieder nachwachsenden Schlangenfleisches begabt den Genießenden, die Natur in all ihren noch so leisen Äußerungen zu verstehen, teilzunehmen am großen Dialog des Lebens. Die Erkenntnis, die die Schlange vermittelt, bringt nicht den Tod und die Entfremdung von Gott, sondern das Leben und das Vertrautwerden mit dem schöpferischen Lebensgrund. Die Gabe der weißen Schlange wird zur Quelle des Glücks und führt zur äußeren wie zur inneren Erweiterung, zur Erweiterung der Sinne ebenso wie zur Erweiterung der sozialen Möglichkeiten. Das Schicksal des Menschen und sein Glück sind an die Erde gebunden, aus der dem Märchenhelden nicht die Sünde, sondern der tiefste Sinn seines Daseins zuwächst.

Am Diener, den das Märchen zum Glückssucher und schönen Jüngling avancieren läßt, werden die segensreichen Wirkungen der weißen Schlange sichtbar, die als bewegende Kraft für das Geschehen verantwortlich bleibt und es vorantreibt. Die durch den Genuß der Schlange erhaltene Gabe bewahrt den Diener vor dem Tod und befähigt ihn, sein Glück draußen in der Welt zu suchen. Beschuldigt, den Ring der Königin entwendet zu haben, die Todesstrafe vor Augen, erfährt er aus einem Gespräch der Enten, daß eine von ihnen den Ring verschluckt hat. Der König, um seine ungerechten Anschuldigungen wiedergutzumachen, läßt den Diener, ausgestattet mit einem Pferd und mit Reisegeld, in die Welt ziehen. Hier beginnt die Haupthandlung des Märchens, nachdem die Vorgeschichte vor allem das Handlungsmovens vorgestellt hatte. Führt der erste Teil die innere Kraft des Geschehens vor, so zeigt sie der zweite Teil im Zustand ihrer Wirksamkeit.

Bevor der Diener die entscheidende Probe ablegen muß, durchläuft er drei Stationen, in denen er sich als Mensch und Naturgeschöpf zu bewähren hat. Der Genuß der weißen Schlange hat ihn zwar in die Lage versetzt, die Sprache der Tiere zu verstehen, welchen Gebrauch er aber davon macht, liegt allein bei ihm. Der Märchenheld, jeweils ausgestattet mit den besten Gaben, muß handelnd beweisen, daß er die erhaltenen Gaben auch verdient. Das heißt vor allem, ob er bereit ist, sie auch für andere einzusetzen. Erst dann ist ihm das Glück wirklich günstig.

Auf der ersten Station trifft er auf drei Fische, die sich im Rohr verfangen haben und ihr sicheres Ende beklagen. Ohne zu zögern, setzt er die Fische frei, die daraufhin versprechen, ihm seinen Dienst zu entgelten. Begabung reicht im Märchen nicht aus, um der Rolle des Helden gerecht zu werden. Ihre entscheidende Vertiefung erfährt die Begabung durch ein „mitleidiges Herz“. Das Verstehen der Natur erfüllt sich erst dort, wo man sie aktiv bewahrt. Menschliche Bewährung geschieht im Märchen vor allem durch sozialpraktisches Handeln.

Deutlich wird dies auch auf der zweiten Station. Dort klagt ein Ameisenkönig: „Wenn uns nur die Menschen mit den ungeschickten Tieren vom Leib blieben. Da tritt mir das dumme Pferd mit seinen schweren Hufen meine Leute ohne Barmherzigkeit nieder.“ Selbst noch die winzigsten Lebewesen, aus Gedankenlosigkeit übersehen, haben ein Recht auf Leben. Die Gabe der weißen Schlange macht auch sie und ihre Nöte hörbar. Mit erweiterten Sinnen erkennt der Mensch die Vielfalt und Vitalität der Natur, die es zu schützen gilt. Verantwortungsbewußt wählt der Reiter einen Seitenweg.

Nach den Tieren des Wassers und der Erde, gleichsam im Blickfeld ansteigend, begegnet der Diener schließlich den

Tieren der Luft. Mit ihnen sind alle Lebensräume erfaßt. Rabeneltern sind dabei, ihre noch nicht flüggen Jungen aus dem Nest zu werfen, weil sie es leid sind, die Kleinen weiter zu füttern. Angespielt wird hier auf eine bekannt Sage, die den Raben in der Tat ein solches Verhalten zuschreibt. Auch hier greift der Diener rettend ein. Er tötet sein Pferd und sichert durch das reiche Nahrungsangebot das Überleben der Jungen. Was vielleicht grausam scheinen mag, hat vor allem sinnbildliche Bedeutung. Der einzelne steigt gleichsam herunter von seinem hohen Roß, um denen zu helfen, die in Not sind. Der Diener als Held macht seinem Berufsstand alle Ehre, indem er der Bewahrung des jungen, heranwachsenden Lebens und der Erhaltung der Art dient.

Die Bewährungstaten des Dieners fügen sich zu einem modernen Märchen, in dem der Mensch als Diener der Natur aktiv für ihren Schutz und ihren Erhalt eintritt. Die Gabe der weißen Schlange könnte dabei als Aufforderung an den Leser verstanden werden, die Sinne zu schärfen und auf die vielfältigen Stimmen des Naturlebens zu horchen, statt sie mit dem eigenen Interessenlärm zu übertönen. Um die Botschaft des Märchens indes zu verstehen, ist es nötig, die zentrale Symbolik ganz ernst zu nehmen. Nur dem, der die weiße Schlange als Symbol der Erde und der Nähe zu ihr begreift, wird die eigene Erdverbundenheit als Bedingung aufgehen, seinen Lebensraum zu schützen und zu bewahren. Dabei könnte ihm der Diener, in dem sich Verstehen und verständiges Handeln verbinden, zum verpflichtenden Vorbild werden.

Wer aber wie er auf die Stimmen der Natur hört und sich aufgerufen fühlt zu handeln, dem fällt am Ende die verdiente Belohnung zu. War der erste Teil der Haupthandlung nach der Vorgeschichte mit der Bewährung und Qualifizierung des Helden befaßt, so geht es im abschließenden Teil um dessen Glück. Nach den drei Bewährungsproben sieht sich der Diener nun drei Freierproben gegenüber, die jeweils kunstvoll mit den vorausgegangenen Proben verknüpft sind. Auffällig ist, daß der Held, im ersten Teil noch Handelnder und Eingreifender, im zweiten Teil deutlich zurücktritt. Die Prüfungen, die er bestehen soll, um die Königstochter zu gewinnen, sind äußerst schwer und aus eigenen Kräften nicht zu bewältigen.

Verlassen von allen, steht er am Meer, ohne eine Idee, wie er den hineingeworfenen goldenen Ring wieder heraufholen könnte. „... da sah er auf einmal drei Fische daherschwimmen, und es waren keine anderen als jene, welchen er das Leben gerettet hatte." Sie bringen ihm den Goldring, aufbewahrt in einer Muschel, vom Grund des Meeres herauf. Die Wasser- und Fischsymbolik wie die Symbole des Rings und der Muschel sprechen eine deutliche Sprache. Im Sinnbild ist vorweggenommen, was geschehen muß: die Vereinigung von Mann und Frau, wobei die Muschel das Weibliche, der Fisch das Männliche repräsentiert. In ihnen ist wie im Meer die ewig fruchtbare Lebenskraft.

Doch obwohl die Königstochter im Sinnbild längst widerlegt ist, stellt sie aus Standesvorurteilen eine zweite Aufgabe. Nun soll der Jüngling, wie er nun heißt, zehn Sack Hirse auflesen, von der Prinzessin eigenhändig ins Gras geschüttet. Wieder ist er überfordert und erwartet sein Ende, wieder aber erscheinen die hilfreichen Tiere, denen er vorher geholfen hat, diesmal die Ameisen, und erledigen die Aufgabe für ihn. Ähnlich verräterisch wie im ersten Fall ist die symbolische Sprache. Hirse galt wegen ihrer zahlreichen Körner lange Zeit als Fruchtbarkeitssymbol. Noch bis ins neunzehnte Jahrhundert hinein wurde Hirsebrei als Festmahl bei Hochzeiten gereicht. Erneut weist das Sinnbild auf das, was sich notwendig vollziehen wird, auch wenn die Königstochter sich noch dagegen sträubt. Die Dinge als zukunftsträchtige Zeichen sprechen eine unmißverständliche Sprache und zeigen dem Menschen eingebunden in seine Bestimmung, der er sich auf Dauer nicht entziehen kann.

Noch eine dritte Probe hat der Diener zu bestehen, bevor er endlich sein verdientes Glück gewinnt. Diesmal wird ihm aufgetragen, der Prinzessin einen goldenen Apfel vom Baum des Lebens zu beschaffen, für ihn wiederum eine unlösbare Aufgabe. Aber die Raben, die er vor dem Hungertod gerettet hatte, kommen ihm zu Hilfe, so daß der Erfüllung seiner Wünsche nichts mehr im Wege steht und er die Königstochter zur Frau erhält.

„Sie teilten den Apfel des Lebens und aßen ihn zusammen; da ward ihr Herz mit Liebe zu ihm erfüllt, und sie erreichten in ungestörtem Glück ein hohes Alter." Der goldene Apfel vom Lebensbaum deutet auf die Lebensfrucht, die hervorzubringen Mann und Frau von der Natur aufgetragen ist. In der Dreizahl der Fische wie der Raben spiegelt sich die naturgewollte Dreiheit von Vater, Mutter und Kind, die Familie als Frucht der Vereinigung der Geschlechter. Die Vereinigung selbst, den Höhepunkt der Begegnung von Mann und Frau, umschreibt das Märchen in der symbolischen Handlung des gemeinsamen Apfelessens, bei dem beide ihre ihnen von der Natur zugedachte Aufgabe erfüllen und mitwirken an der Lebensbewahrung.

Die Schlange wie der Apfel, in christlicher Symbolik beide mit der menschlichen Ursünde vor dem Schöpfer verbunden, sind im Märchen Sinnbilder fruchtbarer und bejahter Erdverbundenheit. Ihr Genuß führt nicht zur Austreibung aus dem Paradies, sondern läßt das Paradies erst Gestalt gewinnen. Das Paradies ist dort, wo der Mensch, indem er Leben zeugt und gebiert, selbst zum Schöpfer wird, wo weder verbotene Bäume noch eine mit Sünde befleckte Erde schrecken, wo in der Solidarität von Mensch und Tier sich der konstruktive Dialog mit der Natur entfaltet und die friedliche Lebensgemeinschaft ihrer Geschöpfe begründet. Eingebettet darin ist das Paradies, das sich Mann und Frau in ihrer Liebe spenden, ein zeitlich befristetes Paradies, fern von Sünde und Strafe, ein Glück, das sich hier und jetzt wirklich erfüllt.

# Hans im Glück

**Quelle:** August Wernicke aus Brakel ließ die Erzählung 1818 nach mündlicher Überlieferung in der Zeitschrift *Wünschelruthe,* herausgegeben vom Haxthausenschen Freundeskreis, abdrucken.

**Erstdruck:** KHM, I, 1819

Man hat *Hans im Glück* ein Schwankmärchen, die Parodie des Wunschmärchens genannt, weil der Held, der eigentlich keiner sei, nichts gewänne, sondern nur alles verlöre und das Glück, von dem er spricht, nur in seinem Kopf existiere. Nun ist das Glück im Märchen niemals an den Besitz allein gebunden. Um echtes Glück zu schaffen, muß der Besitz eine soziale Qualität erhalten, der Besitzer muß bereit sein zu teilen. Oft ist der Besitz auch nur sekundär. Wichtiger für den Märchenhelden ist die Erfüllung seiner Liebe. Doch weder von der sozialen Bindung des Eigentums noch von Liebeserfüllung wird hier erzählt. Es handelt sich um einen besonderen Typus des Märchenhelden, der durch die Namenswahl, Hans steht für den Menschen schlechthin, exemplarische und repräsentative Züge erhält. Schwankhaftes und Parodistisches wären daher wohl fehl am Platz.

Bereits der Eingang des Märchens gibt Rätsel auf. Da hat einer sieben Jahre, absolut gesehen keine allzu lange Zeit, bei seinem Herrn gedient und will nun die Arbeit niederlegen. „Herr, meine Zeit ist herum, nun wollte ich gerne wieder heim zu meiner Mutter, gebt mir meinen Lohn." Der erfahrene Märchenleser wird die sieben Jahre natürlich nicht wörtlich nehmen. Sieben ist die Zahl der Fülle und der Ganzheit, des Vollkommenen wie des Vollendeten. Am siebenten Tage ist das Schöpfungswerk vollendet, sieben Tage umfaßt die Woche. Die sieben Jahre, die Hans gedient hat, könnten die Lebensarbeitszeit überhaupt meinen, die Zeitspanne des beruflichen Tätigseins. So verstanden, erhielte der Hinweis von Hans, daß seine Zeit herum sei, einen nachvollziehbaren Sinn.

Um so merkwürdiger ist dann allerdings sein Wunsch, zu seiner Mutter heimzukehren. Selbst wenn sie um diese Zeit noch lebte, würde der, der seine Berufsarbeit beendet hat, sich kaum wieder zu ihr zurückziehen. Zu fragen wäre überdies, warum nur von ihr und nicht auch vom Vater die Rede ist. Eine weitere Merkwürdigkeit stellen die Art und der Umfang des Lohns sowie der Zeitpunkt der Entlohnung dar. Es ist weder wahrscheinlich noch glaubhaft, daß jemand für seine Lebensarbeit erst am Ende pauschal abgefunden wird, und schon gar nicht mit dem ungewöhnlichen Zahlungsmittel eines Goldklumpens in Kopfgröße.

Eine rätselhafte Exposition in der Tat, die nichts zu klären, sondern alles zu verdunkeln scheint. Zu fragen ist allerdings, ob es sich hier überhaupt um ein normales Arbeitsverhältnis, bei dem Herrn um einen bestimmten Arbeitgeber und bei der Mutter um die leibliche Mutter handelt. Von der Beantwortung dieser Fragen wird das Verständnis des Märcheneingangs wie des Märchens überhaupt abhängen. „Herr, meine Zeit ist herum, ..." muß sich ja nicht nur auf die Arbeitszeit beziehen, sondern kann ebensogut die Lebenszeit meinen. „Unser Leben währet siebenzig Jahre, ..." heißt es im Psalm: auch hier bezeichnet die verzehnfachte Sieben Vollendetes. Hans stände dann für den Menschen am Ende seines Lebens. Der Herr, an den er sich wendet, ist der Herr der Welt, der, wie der Vater nach traditioneller Auffassung die soziale Gemeinschaft, Familie, Beruf und Staat repräsentiert, also für das Dasein in der Welt allgemein steht. Der Herr der Welt entlohnt mit weltlichem Lohn, mit schwerem Gold. Das Leben des Menschen, wenn es gut war und sich gelohnt hat, ist Dienst, Leistung für den Beruf, für die Gesellschaft. Dienst ist im Märchen der Gegenbegriff zu allen Formen selbstsüchtigen Handelns. Daher erübrigt sich auch eine genauere Angabe darüber, wem oder welcher Sache Hans gedient hat. Dienen beschreibt allgemein das soziale Engagement, getragen vom Gefühl für die Gemeinschaft.

Königlich entlohnt, tritt Hans den Weg zur Mutter an. Die Arbeit hat ihn zum reichen Mann gemacht, so daß er sich im Grunde alles leisten könnte. Im Laufe der folgenden Begegnungen führt das Märchen einen repräsentativen Querschnitt durch die Gesellschaft vor, indem es in sozialer Abstufung typische Positionen und Berufe vorstellt und parallel dazu ein deutliches Wertgefälle gestaltet. Vor den Augen des Menschen in seinem letzten Lebensabschnitt läßt das Märchen noch einmal exemplarische gesellschaftliche Erscheinungsformen und Verhaltensweisen Revue passieren, um das Leben, an dessen Ausgang Hans inzwischen steht, in seiner allmählich entschwindenden Vielfalt zwischen Wunsch und Wirklichkeit ein letztesmal durchschaubar zu machen und es zugleich in seinem Wert zu relativieren. Die Binnenhandlung des Märchens zwischen Aufbruch und Heimkehr entfaltet aus der Perspektive des gealterten Menschen eine repräsentative Totalschau des verfließenden Lebens. Ein letzter Versuch, es festzuhalten, ein Unterfangen, von vornherein zum Scheitern verurteilt, in das sich der Mensch am Ende willig ergibt.

Am Anfang steht die Begegnung mit dem Reiter, der Mensch hoch zu Pferde, scheinbar erhoben über alle Mühen des Weiterkommens, getragen von einer Kraft, über die er souverän gebietet. Im Vergleich damit scheint der Reichtum niederdrückend und beschwerlich. „... es ist zwar Gold, aber ich kann den Kopf dabei nicht gradhalten, auch drückt mir's auf die Schulter." Reichtum bindet und läßt den Reichen unter der Last stöhnen, so daß er sich nach Mobilität und Freiheit sehnt. Freiheit und Reichtum, zwei uralte Wunschträume, das Verlangen zu besitzen und die Sehnsucht, ungebunden in die Ferne zu schweifen, schließen einander aus. Beim Tausch des Goldklumpens gegen das Pferd macht Hans, materiell gesehen, ein Verlustgeschäft, aber wichtiger als die Wertabwägung ist ihm der ideelle Gewinn. Der Reiter, wohl wissend, daß er den anderen übervorteilt hat, macht sich mit dem Goldklumpen eilig davon. Das wirft zwar ein schlechtes Licht auf das Welttreiben und die Menschen, die nur ihren eigenen Vorteil suchen, Hans aber beeinträchtigt es nicht in seinem Glück, er bemerkt es nicht einmal, weil es ihm nicht wichtig ist.

Hatte ihn der Reichtum niedergedrückt und unfrei gemacht, so stellt sich der Gewinn der Freiheit und der Mobilität bald als Illusion heraus. Das Pferd wirft den Reiter ab, und Hans findet sich auf dem Boden der Tatsachen wieder, auf der Erde liegend, über die er im schnellen Galopp in die Ferne zu reiten gedachte. Sobald sich die Wünsche erfüllt haben, man reich oder frei ist, zeigt sich der Pferdefuß. Glück auf jeden Fall stellt sich nicht ein, statt dessen sieht sich der Mensch allerlei Beschwerden und Mißhelligkeiten ausgesetzt. Der Wunsch scheitert regelmäßig an einer Wirklichkeit, die für die echte Erfüllung allzu beschränkt ist. Aber die Wünsche selbst schweigen nicht still und entwerfen immer neue Möglichkeiten der Erfüllung.

Nach dem Mißgeschick mit dem Pferd sieht Hans im Bauern mit der Kuh doch noch eine Chance, sein Glück zu verwirklichen. „Da lob ich mir Eure Kuh, da kann einer mit Gemächlichkeit hinterhergehen und hat obendrein seine Milch, Butter und Käse jeden Tag gewiß." Wenn auch der Reichtum keine Erfüllung, sondern nur eine Belastung war und aus dem Traum freien Umherschweifens nichts geworden ist, so tut sich nun ein Schlaraffenland für bescheidene Ansprüche auf. Nach den fehlgeschlagenen Versuchen, sein Glück zu begründen, äußert sich auf der dritten Stufe der elementare Wunsch, immer genug zu essen und zu trinken zu haben, ohne dafür sonderliche Mühe aufwenden zu müssen. Beachtenswert ist, daß auch hier das materielle wie das soziale Gefälle unvermindert anhalten. Die Kuh liegt im Wert eindeutig unter dem Pferd, und der Bauer nimmt gesellschaftlich einen niedrigeren Rang als der Reiter ein. Anschaulich spiegelt sich die Situation des Menschen am Ende seines Lebens in der abschüssigen Tendenz. Abstieg und Verlust bilden die innere Struktur der Szenenfolgen. Während der Reiter und der Bauer noch mitten im Leben stehen und nur auf ihren materiellen Vorteil aus sind, strebt der abgeklärtere Mensch nach einem Glück jenseits materieller Wertgebungen.

Aber auch der Wunsch nach dem Schlaraffenland, und sei er noch so bescheiden, erfüllt sich nicht. Die Kuh gibt nicht nur keine Milch, sondern tritt Hans auch noch derb vor den Kopf, so daß er sich erneut am Boden wiederfindet. Die beiden folgenden Episoden, in denen Hans die Kuh gegen ein Schwein und das Schwein gegen eine Gans tauscht, realisieren nur noch Teilaspekte des Schlaraffenlands, lassen es gleichsam zusammenschrumpfen auf Minimalansprüche, wobei neben dem weiterhin deutlichen Wertgefälle auch der soziale Rang der einzelnen Tauschpartner weiter absinkt. So folgt auf den Bauern der Metzger, also der Handwerker, dem sich der Laufbursche anschließt. Zu der offensichtlichen Übervorteilung tritt nun noch die kaum verhüllte Schlitzohrigkeit, indem der Bursche Hans glauben macht, das Schwein sei gestohlen. Nicht nur materiell und sozial, sondern auch moralisch geht es stetig abwärts. Die Vermögenswerte lösen sich zusehends auf, die gesellschaftliche Stellung und die Bedeutung der Figuren nehmen ab, und der Eigennutz korrumpiert das soziale Gewissen und den aufrichtigen Umgang mit dem Mitmenschen.

Mit dem Verfall der materiellen und sittlichen Werte parallel zum sozialen Abstieg geht die Entwertung der Welt selbst einher. Sie hält nicht, was sie verspricht, und was sie bereithält, ist Betrug. Doch Hans sucht immer noch nach dem Glück und weiß selbst dem Geringsten noch etwas abzugewinnen, auch wenn am Ende alle Wünsche ins Leere laufen und die Erfüllungen sich in bloße Illusionen auflösen. Aufschlußreich sind die wiederholten Verweise auf das Niedergebeugtwerden, auf das Fallen, das Verfallensein und das

Sichfallenlassen. So drückt ihm zunächst das Gold den Kopf herunter, Pferd und Kuh lassen ihn auf die Erde stürzen, beim angeblich gestohlenen Schwein droht ihm das „finstere Loch", und bei der Gans schwärmt er selbst von den „schönen weißen Federn, die laß ich mir in mein Kopfkissen stopfen, und darauf will ich wohl ungewiegt einschlafen". Nach all den hochfliegenden Wünschen geht es Hans nur noch darum, sich niederzulegen und, unbehelligt von aller weiteren Suche nach dem Glück, einschlafen zu können. Spürbar klingt die Metaphorik des Sterbens an.

Eine abschließende Begegnung innerhalb der Binnenhandlung steht Hans noch bevor. „Als er durch das letzte Dorf gekommen war, stand da ein Scherenschleifer ..." Das letzte Dorf, auf den Nobiskrug, die letzte Station vor der existentiellen Auflösung, anspielend, markiert das Ende des Weges. Hier stößt Hans in Gestalt des Scherenschleifers auf einen Fahrenden, einen Hausierer, der bereits außerhalb der Gesellschaft steht. Der Wetzstein, den er gegen die Gans tauscht, bezeichnet den Tiefpunkt des Wertgefälles. Dazu gibt der Scherenschleifer dreist noch einen beliebigen, völlig wertlosen Feldstein in den Handel. Am Ende, nach dem lebenden Gut, das er eingetauscht hatte, ist Hans wieder bei dem Leblosen angelangt, nur daß es kein Gold mehr ist, sondern ein wertloser Stein, der ihn aber beim Tragen nicht weniger drückt als der Goldklumpen. Das Glück, das er sich einredet, durch das Schleifen stets das nötige Kleingeld in der Tasche zu haben, erweist sich unter der drückenden Last bald als trügerisch. Erst nachdem die Steine in den Brunnen gefallen sind, aus dem er trinken wollte, scheint sein Glück endlich erfüllt. „Hans, als er sie mit seinen Augen in die Tiefe hatte versinken sehen, sprang vor Freuden auf, kniete dann nieder und dankte Gott mit Tränen in den Augen, daß er ihm auch diese Gnade noch erwiesen ..."

Alle Träume und Wünsche sind endgültig zerronnen. Das große und das kleine Geld, die großen und die kleinen Genüsse und die unbegrenzte Bewegungsfreiheit reizen nicht länger. Hans steht, nachdem er das letzte Dorf passiert hat, wo er sich in der Begegnung mit dem Scherenschleifer bereits im Abseits der Gesellschaft bewegte, vor dem Brunnen, der sinnbildlich den Eingang zur Welt des Todes eröffnet. Vor dem Tod lösen sich alle Wünsche in nichts auf, ebenso wie die Früchte der Arbeit und alle Anstrengungen, die der einzelne unternommen hat. Materielle Werte und soziale Ränge, aus der Altersperspektive entwertet, zählen nichts mehr. Die Welt, in der der eine den andern übervorteilt, wo blanker Eigennutz und Verschlagenheit regieren, hat jede Anziehungskraft verloren. Das Glück, dem man hinterherläuft, ist flüchtig und wertlos wie die Dinge, an die man es zu binden sucht. Am Ende stehen immer wieder die Enttäuschungen, und die Versuche, sie auszugleichen, rücken mehr und mehr in die Nähe des Selbstbetrugs. Übrig bleibt lediglich die Last des Lebens, versinnbildlicht in den Steinen, ein völlig wertlos gewordenes Gepäck, das nur noch niederdrückt, in dem alle Versprechungen für die Zukunft aufgebraucht sind. Die Steine, aus denen nach der Sage von Deukalion und Pyrrha die Menschen entstanden sein sollen, markieren in ihrer Erstarrung das Lebensende. Hinabstürzend in den Brunnen, weisen sie Hans den Weg, den einzigen, der ihm bleibt.

„Mit leichtem Herzen und frei von aller Last sprang er nun fort, bis er daheim bei seiner Mutter war." Die siebente Station, die den Rahmen von Aufbruch und Heimkehr schließt, auf der sich das Leben vollendet, ist nicht mehr ausgeführt, kann nicht mehr ausgeführt werden, weil der Märchenheld hier von der Szene abtritt und heimkehrt zur Mutter Erde, die ihm Wiege gewesen ist und nun zum Grab wird, wo das erstarrte Leben wieder zu Erde, zur Ursubstanz neuen Lebens zerfällt. Nach einem erfüllten Dasein, nach Anerkennung und Lohn, nachdem alles, was dem Leben Ziel und Sinn gewesen war, seine Reize verloren hat und nichtig geworden ist, scheint der Tod kein Übel mehr zu sein, sondern Erlösung, ein Glück, das von dem zur Last gewordenen Dasein befreit in der Gewißheit, daß das Leben aus der großen Mutter Erde unendlich weitergeboren wird. *Hans im Glück* ist nach der Desillusionierung aller Erfüllungen und dem Verblassen der Wünsche das Märchen vom glücklichen Sterben, von der Ergebung des einzelnen, dessen Zeit herum ist, in den Tod.

# Grimms Märchen – Grundlagenwissen

## Märchen

Diminutivbildung zum Substantiv maere. Maere bedeutet ursprünglich Nachricht, neue Kunde von einem wirklichen Geschehen, von dem man wissen sollte. Die Diminutivbildung verweist einmal auf die Kürze der zunächst mündlich vorgetragenen Erzählung, auf der anderen Seite ist damit das Unwahrscheinliche und Unglaubwürdige im Unterschied zur maere angesprochen.

## Alter des Märchens

Spuren des Märchens gibt es bereits im alten Ägypten. In Erzählungen, überliefert auf Papyri, klingen märchenhafte Motive an wie warnende Fische, verborgenes Leben, schlimme Prophezeiungen und das Wasser des Lebens. Aus Griechenland und Rom sind Geschichten bekannt mit märchenhaften Elementen wie Lebenskraut und Todesbrief. Die Geschichten um Herakles und die Argonauten zeigen dialektische Märchenstrukturen. Das Motiv des Tierbräutigams kommt bereits in der römischen Erzählung von *Amor und Psyche* (um 150 n. Chr.) von Apuleius vor. Nach gelegentlich märchenhaften Zügen in literarischen Texten des Mittelalters nimmt die schriftliche Märchenüberlieferung erst seit dem sechzehnten Jahrhundert deutlich Gestalt an (Straparola, Basile). Wenig sinnvoll ist es, über das Alter des Märchens schlechthin wie einzelner Märchen zu spekulieren, da eine zeitliche Rückverfolgung wegen der fehlenden schriftlichen Überlieferung so gut wie ausgeschlossen ist.

## Märchentypen

Antti Aarne und Stith Thompson erstellten 1928 ein Verzeichnis aller vorkommenden Märchentypen (The Types of the Folktale. A classification and bibliography. 2. Aufl. Helsinki 1961). Die erste Hauptgruppe bilden die Tiermärchen, in denen Tiere die Handlungsträger sind. Ihnen folgen in der zweiten Hauptgruppe die eigentlichen Märchen, aufgeteilt in Zauber- und Wundermärchen, in denen der übernatürliche Faktor eine entscheidende Rolle spielt, die legendenartigen Märchen, in denen Gott lohnt und bestraft, novellenartige Märchen um Liebe, Treue, Schicksalsmächte und Verbrechen und schließlich die Märchen von dummen Riesen oder Teufel, in denen der Wettstreit zwischen Mensch und Unhold im Mittelpunkt steht. In der dritten und abschließenden Hauptgruppe sind die Schwankmärchen zusammengefaßt, in denen der Einfallsreiche und Listige die Oberhand behält.

## Volksmärchen/Kunstmärchen

Volksmärchen ist ein problematischer Begriff, da das Volk als kollektiver Erzähler nicht greifbar ist und jeder als Volksmärchen ausgegebene Text deutliche Spuren individueller Bearbeitung trägt. Als Prototyp können die Kinder- und Hausmärchen der Grimms gelten. Inhalt, Motive und im wesentlichen auch die tragenden Symbole entstammen der oft mündlichen Überlieferung. Durch Kontamination mehrerer Versionen, Umstrukturierung der Handlung und homogene Stilisierung entstand indes ein charakteristischer, unverwechselbarer Märchentyp. Als volkstümlich können angesprochen werden die einfachen, nicht komplexen Strukturen, der leicht verständliche, bildhaft anschauliche Stil, die Perspektive der Zukurzgekommenen und Glücklosen, die nach Erfolg und Glück streben, und schließlich die Glücksfiktion selbst. Prägend wirkt im sogenannten Volksmärchen vor allem seine auch bei den Kinder- und Hausmärchen weiterhin spürbare Herkunft aus den untersten sozialen Schichten. Volksmärchen in diesem Sinn sind individuell bearbeitete Erzählungen mit überkommenen Inhalten, Motiven und Symbolen, die in einfacher Sprache und nicht komplexer Struktur die soziale Wirklichkeit des Mangels durch die wunderbare Fiktion der Glückserfüllung poetisch ausgleichen.

Mit dem Volksmärchen teilen die Kunstmärchen Brentanos, Tiecks, Hoffmanns und anderer als bewußte individuelle Schöpfungen die Fiktion des Wunderbaren, die aber, von der Wirklichkeit oft relativiert und durchkreuzt, die unerfüllte empirische Welt entgrenzt und dabei ein skeptisches Verhältnis zur Wirklichkeit selbst artikuliert. Inhalte, Motive und Symbole entspringen individueller Imagination, wo Überkommenes begegnet, erscheint es deutlich modifiziert und in die eigene Aussageabsicht eingefügt. Der literarische Individualstil des Autors formt die Sprache. Komplexität zeichnet in der Regel die Strukturen aus. Die soziale Orientierung an den untersten Schichten ist untypisch. Statt dessen geht es um umfassende existentielle und gesellschaftlich-geschichtliche Problemstellungen.

## Darstellungsweisen des Märchens

Erzählziel des Märchens ist, der natürlichen Ordnung der Lebensverhältnisse durch Darstellung zum Sieg zu verhelfen. Dem dient vor allem die einstrangige dialektische Handlungsführung mit ihren Polen der Konflikterfahrung und der Konfliktlösung. Im Happy-End scheint der erfahrene Mangel regelmäßig ausgeglichen. Die negativen Kräfte sind ausgeschaltet. Stets setzt sich die allem zugrundeliegende Lebensgesetzlichkeit durch.

Handlungsträger ist der Märchenheld, dem in der Auseinandersetzung mit seinen Gegenspielern Helfer und hilfreiche Tiere zur Seite stehen. Der niemals individuell gezeichnete Held vertritt die natürliche Lebensordnung, die ihn trägt und stärkt. Hilfreich können sich auch bestimmte Requisiten erweisen wie der Knüppel aus dem Sack, die drei goldenen

Haare des Teufels, der goldene Apfel vom Lebensbaum und ähnliche.

Übernatürliche Gestalten wie Riesen oder Zwerge verkörpern prinzipielle Wirkkräfte, indem sie auf die Größe einer Aufgabe bzw. auf elementare Vorgänge verweisen. Ähnliches gilt für bestimmte Tiere. So treten Tiere, die mit dem Wasser verbunden sind, häufig als Träger der Fruchtbarkeit auf, die Schlange gilt als Symbol der Erdverbundenheit, während der Wolf das Böse repräsentiert.

Der Glaube des Märchens an den prinzipiell geordneten Zustand des Wirklichen äußert sich sinnfällig im symbolischen Umgang mit den Zahlen. So verweist die Drei zum Beispiel mit Blick auf die naturgewollte Einheit von Mutter, Vater und Kind auf Harmonie, die Sieben parallel zu den sieben Wochentagen auf Vollendetes und die Dreizehn auf bedrohliche Überschreitung der Ordnung, wie sie sich im zwölfmonatigen Jahreszyklus äußert. Im symbolischen Verstehen spiegelt sich der Glaube an die stabile Identität von Erscheinung und Wesen. Festgelegt in diesem Sinne ist auch der Symbolwert bestimmter Farben. So steht Weiß für das Reine und das Gesunde, Rot für die Lebenskraft, Schwarz für die Fruchtbarkeit der Erde und Gold für das Überlegene und das Siegreiche. In der Ambivalenz der Symbole drückt sich ähnlich wie in der Dialektik der Handlungsführung das dualistische Weltbild des Märchens aus, wobei es stets darauf ankommt, das negativ Verschobene wieder positiv zu richten. Ausdruck ordnenden Erzählens sind nicht zuletzt die formelhaften Wendungen.

## Die Brüder Grimm

Jacob Grimm (geb. 04. 01. 1785 in Hanau; gest. 20. 09. 1863 in Berlin). Wilhelm Grimm (geb. 24. 02. 1786 in Hanau; gest. 16. 12. 1859 in Berlin).

Der Vater, Amtmann in Steinau bei Schlüchtern, verstarb bereits 1796. Da die wirtschaftliche Basis der Familie sehr schmal war, kamen die Brüder 1798 zu einer Tante nach Kassel und besuchten dort das Lyzeum. Danach nahmen beide ein Jurastudium in Marburg auf, wo sie vornehmlich bei Karl von Savigny, dem Begründer der „Historischen Rechtsschule", studierten.

Jacob Grimm nahm 1808 eine Stelle als Privatbibliothekar des Königs Jêrome in Wilhelmshöhe bei Kassel an. Nach den Befreiungskriegen berief man ihn 1814 zum Legationssekretär in einer Kommission zur Rückforderung geraubter deutscher Literaturschätze. Seit 1816 nahm er die Stelle des Zweiten Bibliothekars in Kassel ein. 1829 wurde er als Professor für Altertumswissenschaften und als Bibliothekar nach Göttingen berufen. Wegen Teilnahme am „Protest der Göttinger Sieben" gegen den Verfassungsbruch durch den König in Hannover wurde er 1837 seines Amtes enthoben. 1840 berief ihn Friedrich Wilhelm IV. zum Mitglied der Akademie der Wissenschaften und als Professor nach Berlin. 1848 war er Abgeordneter im Frankfurter Parlament.

Jacob Grimm begründete die moderne Germanistik. Er verfaßte Standardwerke über Rechtsaltertümer, Literatur- und Sprachwissenschaft, Mythologie, Märchen und Sage und rief zusammen mit seinem Bruder das *Deutsche(s) Wörterbuch* ins Leben.

Wilhelm Grimm nahm nach Jahren als Privatgelehrter 1814–1829 die Stelle eines Bibliothekssekretärs in Kassel an. 1825 heiratete er Dortchen Wild. 1830 wurde er zum Unterbibliothekar in Göttingen ernannt und dort 1835 zum Professor berufen. Wie seinen Bruder enthob man ihn 1837 seiner Ämter. 1842 wurde er zum Mitglied der Akademie der Wissenschaften in Berlin ernannt. Wilhelm Grimm arbeitete eng mit seinem Bruder zusammen. Er war der Hauptsammler und Redaktor der Märchen, deren Erzählstil er vor allem geprägt hat. Er trat als Herausgeber mittelhochdeutscher Dichtungen und als Sagenforscher hervor.

## Märchen vor den Grimms

Das älteste Märchenbuch ist die über dreihundert Stücke umfassende arabische Sammlung *Tausendundeine Nacht,* die ins zehnte Jahrhundert zurückdatiert. Die erste europäische Übersetzung legte der Orientalist Jean-Antoine Galland 1704–1717 vor. Diese französische Version war über hundert Jahre der einzige für den europäischen Leser verfügbare Text. Die erste deutsche Übersetzung erschien 1823. Acht der Kinder- und Hausmärchen zeigen eine gewisse Nähe zu arabischen Stücken, unter ihnen *Das Wasser des Lebens, Der Geist im Glas* und *Simeliberg.* Eine Beeinflussung der Grimms ist über ihre mit der französischen Kultur vertrauten Vermittler denkbar.

1550 und 1553 erschienen unter dem Titel *Le piacevoli notti* (Die ergötzlichen Nächte) 74 Erzählungen, gesammelt von dem Italiener Giovan Francesco Straparola, dem ersten europäischen Märchensammler. Eine unmittelbare Wirkung auf die Grimms fand nicht statt, da frühe deutsche Übersetzungen verlorengingen. Eine Gesamtübertragung lag erst 1908 vor.

Gut bekannt waren die Grimms aber mit Giambattista Basiles *Pentamerone* (*Das Märchen aller Märchen oder Unterhaltung für Kinder;* 1634–1636, 1674). Die erste deutsche Übertragung aller 50 Stücke erschien 1846 mit einer Vorrede von Jacob Grimm. Er war es auch, der 38 Kurzfassungen von Erzählungen Basiles verfaßte und 1816 veröffentlichte. Fast alle der berühmtesten europäischen Volksmärchen finden sich bei Basile zum erstenmal (*Dornröschen, Der gestiefelte Kater, Aschenputtel* und andere).

Von unbestreitbarem Einfluß auf die Grimmsche Sammlung waren die *Histoires ou contes du temps passé, avec de moralitéz* (1697), vor allem unter dem Untertitel *Conte de ma mère loye* bekannt, wiedergegeben von Charles Perrault. Es handelt sich um acht Prosaerzählungen im höfischen Stil des Zeitalters Ludwig XIV. *(Dornröschen, Rotkäppchen, Blaubart,*

*Der gestiefelte Kater, Frau Holle, Aschenputtel, Hänsel und Gretel, Däumling).*

Im gleichen Jahr erschienen in vier Bänden die *Contes des fées* von Madame d'Aulnoy. Märchen in der Nachfolge Perraults, wie die in Frankreich beliebten Feenmärchen, erschienen in 41 Bänden unter dem Titel *Cabinet des fées* zwischen 1785 und 1789. Eine überarbeitete Auswahl wurde in deutscher Übersetzung zwischen 1790 und 1797 in elf Bänden vorgelegt.

In Deutschland ging den Grimms vor allem Johann August Musäus voraus. Seine *Volksmärchen der Deutschen* erschienen 1782–1787. Märchen meint bei Musäus im Grunde jede phantastische Geschichte. Überhaupt war es schon vor den Grimms Mode geworden, Märchen zu sammeln, unter anderem lagen vor: Christian Wilhelm Günther, *Kindermärchen aus mündlichen Erzählungen gesammelt* (1787); F. W. Möller, *Volksmärchen aus Thüringen* (1794); Johann Gottlob Münch, *Das Märchenbuch für meine lieben Nachbarsleute* (1799); E. A. Eschke, *Kindermärchen* (2. Aufl. 1804); Albert Ludwig Grimm, *Kindermärchen* (1809) und Johann Gustav Büsching, *Volkssagen, Märchen und Legenden* (1812).

## Beiträgerinnen zu den Kinder- und Hausmärchen

Viele der bekanntesten Märchen der Grimmschen Sammlung sind von gebildeten jüngeren Frauen beigetragen worden. Bereits seit 1808 sandte die Pfarrerstochter Friederike Mannel (geb. 1783) aus Allendorf Märchenniederschriften an die Brüder Grimm, unter ihnen *Fitchers Vogel, Die drei Federn* und *Die kluge Gretel.* Wichtig für die ersten Aufzeichnungen waren die Erzählungen von Dorothea Wild (geb. 1752), die Frau eines Kasseler Apothekers. Auf sie gehen unter anderem zurück *Marienkind* und *Der Frieder und das Catherlieschen.* Ihre Tochter Dortchen, die 1825 Wilhelm Grimm heiratete, trug unter anderem *Frau Holle* bei.

Entscheidenden Anteil an der Sammlung haben die Geschwister Hassenpflug, die mütterlicherseits einer hugenottischen Familie entstammten. Hervorzuheben sind Marie und Jeanette Hassenpflug. Die Märchen, die man nach einem Irrtum Hermann Grimms, des Sohnes von Wilhelm, mit Marie Müller (geb. 1747), Haushälterin bei den Wilds, der sogenannten „alten Marie“ verband, stammen nach Rölleke von Marie Hassenpflug (geb. 1788). Eine „alte Märchenfrau“ hat es wohl nie gegeben. Von den Hassenpflugs wurden unter anderem erzählt: *Das tapfere Schneiderlein, Das Mädchen ohne Hände, Bruder Lustig* und *Hans heiratet* (vgl. Quellenangaben).

Zahlreiche Beiträge verdanken die Grimms der Schneidersfrau Katharina Dorothea Viehmann (geb. 1755) aus Niederzwehren bei Kassel. Eine geborene Pierson, war sie die Tochter eines aus Metz eingewanderten Hugenotten. Sie erzählte unter anderem die Märchen *Der getreue Johannes, Der Teufel mit den drei goldenen Haaren, Die kluge Else, Doktor Allwissend* und *Hans, mein Igel.*

## Der Bökendorfer Kreis und die Grimmsche Sammlung

In der Vermittlung von Sagen und Märchen kommt dem Bökendorfer Kreis (Bökendorf bei Brakel, Kreis Höxter) eine besondere Bedeutung zu. Nicht unerheblich ist der Anteil der Haxthauser Töchter und von Jenny und Annette von Droste-Hülshoff am zweiten Band der Kinder- und Hausmärchen (1815). Im einzelnen sind zu nennen: *Die Bremer Stadtmusikanten, Die drei Glückskinder, Die beiden Künigeskinner, Dat Mäken von Brakel* und *Die zertanzten Schuhe*. Im Nachlaß der Brüder Grimm fanden sich überdies einige Texte, die ebenfalls aus dem Haxthauser Kreis stammen. Die Märchen vom *Königssohn, der sich nicht fürchtet* und *Von dem Schloß Saza aus der Afrikanischen Hohle* werden dabei von Jacob Grimm im wesentlichen als erfunden eingestuft. Wilhelm Grimm, der insbesondere mit Bökendorf verbunden war, schreibt in einem Brief vom 28. Juli 1813 an seinen

Bruder: „Ich habe die Zeit angenehm zugebracht. Märchen, Lieder und Sagen, Sprüche usw. wissen sie die Menge; ich habe eine ganz gute Partie aufgeschrieben ... Die Fräulein aus dem Münsterland wußten am meisten, besonders die Jüngste (Annette)."

## Der Grimmsche Märchenstil

Unter Beibehaltung der Motive, Inhalte und der zentralen Sinnbilder haben die Grimms die ihnen zugetragenen und von ihnen aufgefundenen Erzählungen umstilisiert und gelegentlich mehrere Varianten miteinander kontaminiert. Als vorbildlich galten ihnen die beiden durch Runge zugekommenen niederdeutschen Märchentexte (*Von dem Fischer un syner Fru* und *Machandelboom*). Während es Jacob Grimm um Aufzeichnungen „ohne Schminke und Zutat" ging, nahm Wilhelm Grimm bewußtere Stilisierungen vor, indem er Anstößiges ausmerzte und im Sinne bürgerlichen Wohlverhaltens moralisierte, so daß die Märchen besser in die bürgerlichen Kinderstuben, den hauptsächlichen Lesekreis, paßten. Ursprünglich, das hatte schon Jacob Grimm angemerkt, waren die Märchen nicht in erster Linie für Kinder geschrieben.

Mit den Stilisierungen einher ging ein poetisch versöhnlicher Ton. Im einzelnen bevorzugte Wilhelm Grimm einen überschaubaren nebenordnenden Satzbau. Der Steigerung des Ausdrucks dient häufig die Wiederholung und Verdopplung. Zur Verlebendigung zieht er in der Regel die direkte der indirekten Rede vor und vermeidet Fremdwörter. Auffällig ist eine gewisse Poetisierung der Wiedergabe. So neigt er zu Archaismen und volkstümlichen Wendungen und zeigt eine Vorliebe für Diminutivbildungen. Durchgängig setzt er das Imperfekt als Modalform des Erzählens und malt die einzelnen Situationen anschaulich aus, so daß die Imagination unmittelbar angeregt wird.

Durchgehendes Stilprinzip sind Einfachheit und zeitlose Beispielhaftigkeit, die vor allem schon durch die sinnbildliche Sprache der Vorlagen gewährleistet war. Dazu tritt der betont fiktionale Charakter des Erzählens, der Lokalisierung und Temporalisierung meidet, um das Wirkliche aus der Sicht des Möglichen vergleichend und korrigierend sehen zu können.

Die oft gerügte Grausamkeit in einigen Märchen verliert ihre abstoßende, angsterregende Wirkung auf den Leser, wenn man sie als Mittel einer grell übersteigerten Sinnbildlichkeit versteht. Nicht Menschen werden grausam hingerichtet, diskriminiert wird vielmehr das durch sie repräsentierte Böse. In der auf den ersten Blick makabren Zerstükkelung eines Menschen *(Machandelboom)* spiegelt sich die uralte Erfahrung, daß die Entstehung neuen Lebens das Zerfallen des alten voraussetzt. Wo aus böser Absicht dem Leben Gewalt angetan wird, greift die wiedergutmachende Fiktion ein. Warnung vor dem real existierenden Bösen verbindet sich mit dem Glauben an die prinzipiell siegreiche heile Welt.

## Handschriften/Zeitgenössische Drucke der KHM

Die ältesten handschriftlichen Märchenniederschriften der Brüder Grimm stammen von Jacob Grimm Es handelt sich um sieben Texte aus dem Jahr 1808. Die sogenannte älteste Märchensammlung der Brüder Grimm von 1810 umfaßte 54 nicht vollständig erhaltene Texte, niedergeschrieben von Jacob und Wilhelm Grimm und von anderen.

Zu Lebzeiten der Brüder Grimm erschienen sieben Ausgaben der Kinder- und Hausmärchen, und zwar 1812/15, 1819, 1837, 1840, 1843, 1850 und 1857 die Ausgabe letzter Hand. Daneben erschienen 1822 und 1856 zwei Bände mit Anmerkungen zu den einzelnen Märchen. Zwischen 1825 und 1858 lag in zehn Auflagen ein Auswahlband mit 50 Märchen vor.

## Aus dem Nachlaß der Brüder Grimm

Heinz Rölleke veröffentlichte 1977 zum erstenmal *Märchen aus dem Nachlaß der Brüder Grimm*. Dabei handelt es sich um

48 kürzere und längere Texte. Viele von ihnen sind nur skizziert und flüchtig ausgeführt und daher wohl nicht in die Sammlung übernommen worden, andere überschneiden sich mit bereits aufgenommenen Texten, und wieder andere sahen die Grimms als nicht ursprünglich an. Das derb erotische Märchen *König Eisenhütl* wurde wohl wegen seiner Anstößigkeit ausgeschieden. Die allzu große Nähe zu Perraults *Chat botté* war dafür verantwortlich, daß das beliebte Märchen *Der gestiefelte Kater* seit der Zweitauflage aus der Sammlung herausgenommen wurde.

# Bibliographische Hinweise

## Text


Brüder Grimm: Kinder und Hausmärchen. Ausgabe letzter Hand (1857) mit den Originalanmerkungen der Brüder Grimm. 3 Bde. Hrsg. v. Heinz Rölleke. Stuttgart 1980 u.ö.


## Allgemeines zum Märchen


Bächtold-Stäubli, Hanns (Hrsg.): Handwörterbuch des deutschen Aberglaubens. 10 Bde. Berlin 1927–1942.

Bausinger, Hermann: Formen der Volkspoesie. 2. Aufl. Berlin 1978.

Beit, Hedwig von: Symbolik des Märchens. Versuch einer Deutung. 3 Bde. 4. Aufl. Bern 1971.

Beitl, Richard (Hrsg.): Wörterbuch der deutschen Volkskunde. 3. Aufl. Stuttgart 1974.

Benz, Richard: Märchen-Dichtung der Romantiker. Mit einer Vorgeschichte. Gotha 1908.

Bettelheim, Bruno: Kinder brauchen Märchen. München 1977.

Bolte, Johannes: Name und Merkmale des Märchens. Helsinki 1920.

Brackert, Helmut (Hrsg.): Und wenn sie nicht gestorben sind ... Perspektiven auf das Märchen. 2. Aufl. Frankfurt a. M. 1982.

Fromm, Erich: Märchen, Mythen und Träume. Zürich 1956.

Jolles, André: Einfache Formen. 5. Aufl. Halle 1972.

Karlinger, Felix (Hrsg.): Wege der Märchenforschung. Darmstadt 1973.

Lenz, Friedel: Bildsprache der Märchen. 3. Aufl. Stuttgart 1976.

Leyen, Friedrich von der: Das deutsche Märchen. 3. Aufl. Leipzig 1930.

Lüthi, Max: Märchen. 7. Aufl. Stuttgart 1979.

Lüthi, Max: Es war einmal ... Vom Wesen des Volksmärchens. 6. Aufl. Göttingen 1983.

Lurker, Manfred (Hrsg.): Wörterbuch der Symbolik. 2. Aufl. Stuttgart 1983.

Mackensen, Lutz (Hrsg.): Das deutsche Volksmärchen. Leipzig 1935.

Mackensen, Lutz (Hrsg.): Handwörterbuch des deutschen Märchens. 2 Bde. Berlin/Leipzig 1930/1940.

Nitschke, August: Soziale Ordnungen im Spiegel der Märchen. 2 Bde. Stuttgart 1976/77.

Ranke, Kurt: Betrachtungen zum Wesen und zur Funktion des Märchens. In: Studium Generale 11 (1958). S. 647–664.

Ranke, Kurt (Hrsg.): Enzyklopädie des Märchens. Handwörterbuch der historischen und vergleichenden Erzählforschung. Berlin/New York 1975 ff.

Röhrich, Lutz: Märchen und Wirklichkeit. 4. Aufl. Wiesbaden 1974.

Schmidt, Leopold: Die Volkserzählung. Berlin 1963.

Scherf, Walter: Lexikon der Zaubermärchen. Stuttgart 1982.

Stumpfe, Ortrud: Die Symbolsprache der Märchen. 3. Aufl. Münster 1975.

Vries, Jan de: Betrachtungen zum Märchen, besonders in seinem Verhältnis zur Heldensage und Mythos. Helsinki1954.

Wesselski, Albert: Versuch einer Theorie des Märchens. Reichenberg 1931.

Woeller, Waltraut: Der soziale Gehalt und die soziale Funktion des deutschen Volksmärchens. Berlin 1955.

## Allgemeines zu den Grimmschen Märchen

Berendsohn, Walter: Grundformen volkstümlicher Erzählkunst in den Kinder- und Hausmärchen der Brüder Grimm. Neudruck Wiesbaden 1968.

Bolte, Johannes/Polivka, Georg: Anmerkungen zu den Kinder- und Hausmärchen der Brüder Grimm. 5 Bde. Neudruck Hildesheim 1963.

Geiger, Rudolf: Märchenkunde. Mensch und Schicksal im Spiegel der Grimmschen Märchen. Stuttgart 1982.

Ginschel, Gunhild: Der junge Jacob Grimm. Berlin 1967.

Hagen, Rolf: Perraults Märchen und die Brüder Grimm. In: ZfdtPh 74 (1955). S. 392–410.

Hamann, Hermann: Die literarischen Vorlagen der KHM und ihre Bearbeitung durch die Brüder Grimm. Berlin 1906.

Leyen, Friedrich von der: Das deutsche Märchen und die Brüder Grimm. Düsseldorf/Köln 1964.

Mc Glathery, James M.: Grimm's fairy tales. A history of criticism on a popular classic. Columbia, SC: Camden House 1993.

Panzer, Friedrich: Die KHM der Brüder Grimm. In: ZfdtU 27 (1973) S. 481–503.

Pongs, Hermann: Symbolsprache der Grimmschen Märchen. In: H. P.: Das Bild in der Dichtung. Marburg 1973. S. 44–118.

Rölleke, Heinz: Die Urfassung der Grimmschen Märchensammlung von 1810. In: Euphorion 68 (1974). S. 331–336.

Rölleke, Heinz: Der wahre Butt. Die wundersamen Wandlungen des Märchens Vom Fischer und seiner Frau. Düsseldorf/Köln 1978.

Rölleke, Heinz: „Wo das Wünschen noch geholfen hat." Gesammelte Aufsätze zu den KHM der Brüder Grimm. Bonn 1985.

Rölleke, Heinz: Die Märchen der Brüder Grimm. Eine Einführung. 3. Aufl. München 1992.

Schmidt, Kurt: Die Entwicklung der KHM der Brüder Grimm seit der Urhandschrift. Halle 1932.

Schödel, Siegfried (Hrsg.): Märchenanalysen. Stuttgart 1977.

## Zu den einzelnen Märchen

### *Der Froschkönig oder der eiserne Heinrich*

Röhrich, Lutz: Der Froschkönig und seine Wandlungen. In: Fabula 20 (1979). S. 170–192.

Schoof, Wilhelm: Der Froschkönig oder der eiserne Heinrich. Ein Beitrag zur Stilentwicklung des Grimmschen Märchens. In: WW 7 (1956/57). S. 45–49.

### *Der Wolf und die sieben jungen Geißlein*

Rölleke, Heinz: August Stöbers Einfluß auf die KHM der Brüder Grimm. Zur Textgenese der KHM 5 und 15. In: Fabula 24 (1983). S. 11–20.

*Rapunzel*

Lüthi, Max: Rapunzel. Das Märchen als Darstellung eines Reifungsvorgangs. In: M. L.: Es war einmal ... A. a. O., S. 79–89.

*Hänsel und Gretel*

Brackert, Helmut: Hänsel und Gretel oder Möglichkeiten und Grenzen literaturwissenschaftlicher Märchen-Interpretation. In: H. B. (Hrsg.): Und wenn sie nicht gestorben sind ... A. a. O., S. 9–38.

Lüthi, Max: Hänsel und Gretel. In: Märchenanalysen. A. a. O., S. 107–111.

Rölleke, Heinz: August Stöbers Einfluß auf die KHM der Brüder Grimm. Zur Textgenese der KHM 5 und 15. In: Fabula 24 (1983). S. 11–20.

*Von dem Fischer un syner Fru*

Johnson, Uwe: Von dem Fischer und seiner Frau. Nacherzählung und Nachwort. Frankfurt a. M. 1976.

Lüthi, Max: Von dem Fischer un syner Fru. In: M. L.: Volksmärchen und Volkssage. 2. Aufl. Bern/München 1966. S. 57–61.

Rölleke, Heinz: Von dem Fischer un syner Fru. Die älteste schriftliche Überlieferung. In Fabula 14 (1973). S. 112–123.

Rommel, Margarete: Von dem Fischer un syner Fru. (Diss. Heidelberg.) Karlsruhe 1935.

*Das tapfere Schneiderlein*

Fetscher, Iring: Von einem tapferen Schneider. Versuch einer soziologisch-sozialhistorischen Deutung. In: Und wenn sie nicht gestorben sind ... A. a. O., S. 120–136.

Rölleke, Heinz: Das tapfere Schneiderlein in Wilhelm Grimms Märchenwerkstatt. In: Festschrift für Ludwig Denecke. Hrsg. von Heinz Rölleke. Kassel 1991. S. 172–177.

*Aschenputtel*

Bausinger, Hermann: Aschenputtel. Zum Problem der Märchensymbolik. In: Zeitschrift für Volkskunde 52 (1955). S. 144–155.

Nitschke, August: Aschenputtel aus der Sicht der historischen Verhaltensforschung. In: Und wenn sie nicht gestorben sind ... A. a. O., S. 71–88.

*Frau Holle*

Kahlo, Gerhard: Frau Holle und der Nobiskrug. In: Wissenschaftliche Zeitschrift der Friedrich-Schiller-Universität Jena. Gesellschafts-sprachwissenschaftliche Reihe 7 (1957/58). S. 583–589.

*Rotkäppchen*

Jäger, Hans-Wolf: Trägt Rotkäppchen eine Jakobinermütze? Über mutmaßliche Konnotate bei Tieck und Grimm. In: Literatursoziologie Bd. 2. Hrsg. von Joachim Bark. Stuttgart 1974. S. 159–180.

Röhrich, Lutz: Zwölfmal Rotkäppchen. In: L. R.: Gebärde – Metapher – Parodie. Studien zur Sprache und Volksdichtung. Düsseldorf 1967. S. 130–152.

Zipes, Jack: Rotkäppchens Lust und Lied. Biographie eines europäischen Märchens. Köln 1982.

*Dornröschen*

Rölleke, Heinz: Die Stellung des Dornröschenmärchens zum Mythos und zur Heldensage. In: Antiker Mythos in unseren Märchen. Hrsg. von Wolfdietrich Siegmund. Kassel 1984. S. 125-137.

Romain, Alfred: Zur Gestalt des Grimmschen Dornröschenmärchens. In: Zeitschrift für Volkskunde 42 (1933). S. 84–116.

Schoof, Wilhelm: Zur Geschichte des Grimmschen Märchenstils (am Beispiel Dornröschens). In: DU 15 (1963). H. 2, S. 90–99.

Trümpy, Hans: Dornröschens Dornen. In: Fabula 22 (1981). S. 294–296.

Vries, Jan de: Dornröschen. In: Fabula 2 (1958). S. 110–121.

*Schneewittchen*

Bausinger, Hermann: Anmerkungen zu Schneewittchen. In: Und wenn sie nicht gestorben sind ... A. a. O., S. 39–70.

Böklen, Ernst: Sneewittchenstudien. 2 Bde. Leipzig 1910–1915.

Schoof, Wilhelm: Schneewittchen. Ein Beitrag zur deutschen Stilkunde. In: GRM 29 (1941). S. 190–201.

*Rumpelstilzchen*

Lüthi, Max: Rumpelstilzchen. Thematik, Struktur und Stiltendenzen innerhalb eines Märchentypus. In: Antaios 12 (1971). S. 419–436.

Röhrich, Lutz: Rumpelstilzchen. Vom Methodenpluralismus in der Erzählforschung. In: Schweizerisches Archiv für Volkskunde 68/69 (1972/73). S. 567–596.

*Hans im Glück*

Jancke, Oskar: Die Brüder Grimm: Hans im Glück. In: O. J.: Kunst und Reichtum deutscher Prosa von Lessing bis Thomas Mann. München 1954. S. 222–230.

Lüderssen, Klaus: Hans im Glück. Kriminalpsychologische Betrachtungen – mit einem Seitenblick auf die Genese sozialer Normen. In: Und wenn sie nicht gestorben sind ... A. a. O., S. 137–152.

# Winfried Freund in den Uni-Taschenbüchern

UTB 1498
Winfried Freund (Hrsg.)

## Deutsche Komödien

Vom Barock bis zur Gegenwart
ISBN 3-8252-1498-2
2., unveränd. Aufl. 1995, 314 S.

UTB 1583
Winfried Freund

## Deutsche Lyrik

Interpretationen vom Barock bis zur Gegenwart
ISBN 3-8252-1583-0
1990, 224 S.

UTB 1753
Winfried Freund (Hrsg.)

## Deutsche Novellen

Von der Klassik bis zur Gegenwart
ISBN 3-8252-1753-1
1993, 344 S.